绿色助推

我们如何更环保

HOW TO BE GREENER

GREEN NUDGE

卢乐书 / 著

中信出版集团 | 北京

图书在版编目（CIP）数据

绿色助推 / 卢乐书著 . -- 北京：中信出版社，2024.11
ISBN 978-7-5217-6164-1

Ⅰ.①绿… Ⅱ.①卢… Ⅲ.①绿色消费－研究 Ⅳ.①C913.3

中国国家版本馆 CIP 数据核字（2023）第 220507 号

绿色助推
著者： 卢乐书
出版发行：中信出版集团股份有限公司
（北京市朝阳区东三环北路 27 号嘉铭中心　邮编　100020）
承印者： 河北鹏润印刷有限公司

开本：880mm×1230mm 1/32　印张：9.125　　字数：144 千字
版次：2024 年 11 月第 1 版　　印次：2024 年 11 月第 1 次印刷
书号：ISBN 978-7-5217-6164-1
定价：79.00 元

版权所有·侵权必究
如有印刷、装订问题，本公司负责调换。
服务热线：400-600-8099
投稿邮箱：author@citicpub.com

献给我的儿女,
这本书,
还有理想与责任。

目　录

推荐序一　解振华 / 3

推荐序二　林毅夫 / 7

前　言 / 11

第一章　碳中和与消费端碳减排

一、碳中和背景 / 004

二、消费端碳减排 / 016

第二章　绿色消费场景

一、绿色消费的概念 / 028

二、绿色消费场景变化 / 030

第三章　促进绿色消费的政策思路

一、传统促进绿色消费的方式 / 077

二、碳账户实践 / 122

第四章　绿色助推

一、绿色行为的决策机制 / 148

二、绿色助推：行为经济学下的解题思路 / 170

三、绿色助推的具体方式 / 172

四、绿色助推与传统方法相结合 / 204

五、绿色助推的伦理争论 / 209

第五章　大数据下的助推实验

一、碳账户与绿色助推 / 221

二、研究一：探究生态反馈的有效性 / 227

三、研究二：认知助推与内在动机 / 239

四、研究三：经济激励与情感助推 / 249

五、研究四：探索更有效的情感助推方式 / 257

六、研究小结 / 268

推荐序一

培育绿色低碳生活方式，助力应对全球气候危机

21世纪，全球气候变化已经从未来的挑战变为正在发生的危机。应对全球气候危机成为关乎全人类生存发展和子孙后代福祉的重大任务。《联合国气候变化框架公约》《京都议定书》《巴黎协定》确立了各方同舟共济、各尽所能、合作应对气候变化的制度安排。2023年底在阿联酋迪拜召开的《联合国气候变化框架公约》第二十八次缔约方大会完成了《巴黎协定》下的首次全球盘点，达成了"阿联酋共识"，彰显了《巴黎协定》确定的绿色低碳可持续发展进一步转型创新的全球大趋势。

推进绿色低碳可持续发展，实现系统性转型，既要从生产端、供给侧发力，转变高耗能、高污染、高排放的生产方式，优化能源结构，调整产业结构，也要从消费端、需求侧

发力，培育绿色低碳的生活方式和消费模式，减少碳足迹。消费领域蕴含着巨大的温室气体减排潜力，日益引起国际社会的重视。当前，制定相关绿色发展战略，创新发展路径和低碳零碳技术，推动生产生活方式绿色低碳转型，着力把气候和环境挑战转变为经济社会可持续发展的新机遇和新动力，已经成为众多国家和地区的共识。我国正致力于从消费端着手，构建绿色低碳的生活方式和消费模式，培育绿色新质生产力，推进碳达峰、碳中和，积极应对全球气候危机。

2023年，卢乐书女士在《碳账户》一书中结合碳账户建设案例与经验，从宏观视角研究分析了消费端碳减排的重要价值。作为消费端碳减排落地的具体载体，碳账户将碳足迹转变为碳资产，实现了不同主体在不同市场、不同区域间的互联互通。这既激发了民众的减排意愿，又打通了碳循环机制，使消费端碳减排的效果传导延伸，促进了全社会绿色低碳转型创新。

在此基础上，卢乐书女士持续开展研究并结合自身工作实践，完成了《绿色助推》一书。这本书从碳账户的具体行为主体出发，研究针对民众的政策制定及个体的内生行为机制，系统梳理了现有国内外体系化的消费端碳减排政策，并提出了一个较新的概念——绿色助推理论。作者在全面介绍经济学领域绿色方法论的同时，用我国一个完整的碳账户案例，形象地解读、验证并讨论了一些核心观点，提出了新的结论。这些结论具有较高实践价值和意义。

相信在实现我国"双碳"目标和全球气候行动目标的进程中，会有更多像卢乐书女士一样的学者和实践者，持续深入地开展研究和探索，为培育绿色低碳生活方式贡献智慧和方案，汇聚起建设美丽中国和构建清洁美丽世界的强劲动力。

解振华

原中国气候变化事务特使

推荐序二

经济发展与环境保护之间的关系一直是经济学家关注的重要话题。自18世纪以来，众多西方古典经济学家就此提出了多种理论。从英国心理学家、经济学家穆勒的"静态经济理论"到美国经济学家戴尔斯的"排污权交易理论"，关于如何平衡经济发展与环境保护的讨论已经持续了两个多世纪。

随着理论的发展，经济学经历了严谨的理论假设、框架构建和模型迭代，对理性人假设的修订促使行为经济学逐步兴起，为理解人的经济行为提供了新的视角。如何从行为理论的角度探讨经济发展与环境保护之间的关系，成了一个具有重要理论和实践意义的课题。

进入21世纪的中国，社会主义现代化建设深入推进，经济建设进入高质量发展阶段，同时也面临着平衡绿色发展与经济增长关系的问题。历史和实践表明，理论研究在推动经济的绿色发展中起到了不可替代的作用。因此，从经济学角度分析绿色与发展的问题，是中国推进绿色发展理念、实现实体经济绿色转型的必然要求之一。

在中国经济转型过程中，绿色发展既是过程也是结果，既是工具也是成效。作为过程和结果的绿色经济，注重可持续消费与生产过程优化，强调在创造经济繁荣的同时兼顾环境保护；而作为工具和成效的绿色经济，强调工具创新，通过优化资源配置和调节资金流向，推动经济向更加可持续的结构转型。

当前，全球消费端的绿色低碳转型速度远滞后于生产端。在先行探索中，中国率先尝试了碳账户，并积累了大量的实践经验和案例。《绿色助推》一书基于行为经济学在理性人假设上的发展，研究针对个人的具体政策制定及内生绿色行为机制的构建。该书结合中国碳账户实践案例，阐释了经济学理论在碳账户金融科技产品中的应用，并探讨了以此提升人民社会福利的潜力。作者卢乐书从具有主观能动性的经济个体出发进行分析，既让我们见证了绿色经济发展的人民性，又让我们看到以卢乐书为代表的绿色经济学研究者，立足人与自然和谐共生的统一性，为建设以人为本的生态经济学所贡献的中国智慧。

绿色经济的转型离不开生产力水平提高的推动。在新时代，绿色经济与新质生产力的发展密不可分。未来，集数据工程、碳足迹追踪、碳资产计算、心理学等系统理论和实践经验的绿色助推理念，将超越单个的技术或公式，成为引领人类走向绿色经济发展的强大动力。

林毅夫

北京大学新结构经济学研究院院长

前　言

今天，在致力于实现碳达峰、碳中和目标的大背景下，低碳生活这个话题更加深入人心。无论是公交车、地铁广告里生动宣讲的公民义务，还是时尚杂志插图里环保手袋所展现的潮流态度，都描绘着消费端碳减排的时代进程。

当提起环保行为时，你是否想过，人们为何会耗费气力，去做这件并非完全利己的事？答案似乎不言而喻且理所应当：因为绿色行为本身的正确性——有利于地球和人类的长久生存。既然这样，那么每个个体在面对任何事情时，似乎都应该选择更为环保的选项或行为，比如出行优先选择公共交通而非私人交通，饮食上更多地选择素食，尽量避免肉食。

显然，事实并非如此。生活中，人们在思考和采取行动时，总是面临环保所带来的矛盾心理：从利他主义角度出发，环保毫无疑问是正确的；而从利己主义角度出发，环保则在大多数情况下处于方便、高效、舒适的对立面。这就需要人们调动更深层的行为机制，并在审慎权衡后选择行动的方向。

本书力图通过对绿色行为的全场景描绘，解释环保行为背后的"绿色行为小机制"，从个体层面回答人为什么会环保，以及如何推动个体做出环保行为。从经济学视角来看，这个问题是环境经济领域与行为经济学的交叉部分。目前，学术上称之为绿色助推理论。直观上来看，对个体环保行为的了解和探究，需要我们从绿色场景与人的行为习惯两大模块进行解读，探索在已有绿色场景和环保政策中，如何通过行为逻辑激发人的"环保属性"开关，进而推动人们更多地选择科学的环保行为。

本书共分为四个部分。首先，本书大致介绍了碳中和的进程与消费端碳减排的情况，在绿色经济和碳中和背景下定位个体环保行为的具体位置，明确数以亿计的个体每日绿色消费的意义所在。其次，本书详细拆解了日常生活中的绿色场景与常规低碳政策，让我们看到多年来政府在衣食住行用等领域做出的宣传教育与经济激励。在绿色消费产业蓬勃发展的进程中，这些教育与激励措施是环保主义推动文明进程的主阵地。再次，本书还介绍了绿色助推理论框架下关于低碳行为的系列研究。从行为经济学出发，本书探究了在环保行为上的一些群体性规律。我们从中可以惊喜地发现，政策制定者仅仅利用一些绿色助推工具，便能在不付出任何经济代价的情况下，推动人们更多地做出低碳选择。最后，本书依据国内某家碳账户平台实际运营中的大数据进行了田野实验，验证并解读了前述绿色助推理论的实际效果，同时获得了一些尚未作为学术发表的最新结论。

2023年，《碳账户》一书顺利出版，该书更侧重于消费端碳减排体系如何高效运转。而当中的重要环节——个体端的内生环保机制，也就是"我们如何更环保"这一关键问题，则由《绿色助推》来作答。我们希望关于环保行为的微观经济学研究能够在数字时代下，为相关绿色消费政策的制定提供一些切实可行的具体思路。

第一章

碳中和与消费端碳减排

当今世界，碳中和已经成为人类社会共同面对的最重要议题之一，碳中和带来的巨大变革将彻底改变以物质为中心的生产消费模式。从全球的发展实践来看，一方面，绿色转型正深刻改变以低成本要素优势为特征的传统生产方式，引领产业迈向高端化、智能化和绿色化，降低传统工业生产过程中的碳排放；另一方面，绿色转型也需要消费端发挥反向引导作用，在广泛倡导简约适度、绿色低碳、文明健康生活方式的同时，逐步完善碳核算、碳账户等绿色微观基础制度的建设，以形成包含个人消费领域的碳排放管理闭环。引导数以亿计的个人转向绿色低碳的生活方式并非易事，需要政府、企业与个人形成合力，同时以众多学科理论与实践经验为依托，探索出一条行之有效的绿色发展之路。

一、碳中和背景

（一）全球气候变暖问题与碳中和

18世纪中叶，伴随第一次工业革命和工业文明的兴起，化石能源开始被大量消耗，经济发展逐渐对自然环境产生影响。1972年，在第一届全球环境与发展大会上，世界各国科学家和政治家所共同关注的人类可持续发展问题、气候变暖问题及其可能对生态系统造成的破坏问题开始进入人们的视野。1979年2月，在瑞士日内瓦召开的第一次世界气候大会提出，如果大气中的二氧化碳含量仍快速增加，到21世纪中叶，全球将会出现显著的增温现象，这是人类历史上第一次就温室效应所带来的全球升温做出判断。1988年11月，世界气象组织和联合国环境规划署联合成立IPCC（政府间气候变化专门委员会），并授权其开展对全球气候变化的科学评估。截至目前，IPCC已发布六份评估报告。

根据IPCC的研究，人类活动所产生的温室气体正在加剧全球的温室效应，在近200年的工业化进程中，发达国家大量消耗化石能源是导致温室气体排放量增加的主要原因。为了使全球升温控制在工业革命前2℃以内的水平，最有可能的实现路径是：2030年全球温室气体排放控制在2010年的水平；2050年全球温室气体排放较2010年下降40%~70%；到2100年实现温室气体零排放。

IPCC发布的第六次评估报告进一步确认了全球气候变化是由人类活动引起的，并再次强调了气候变化问题的严重性和紧迫性。该报告显示，2010—2019年全球温室气体年平均排放量处于人类历史最高水平，2019年排放量达到了590亿吨，相较2010年的525亿吨增长约12%，过去10年平均每年增长1.2%。在温室气体排放量不断增长的影响下，2011—2022年全球地表平均温度较1850—1900年上升了1.09℃，比第五次评估报告中发布的数据高出0.29℃。同时，全球气候风险正在加剧。因此，IPCC将1.5℃的气温上升标准作为一个关键的临界点，若超过此临界点，极端天气、干旱、洪水、海平面上升、海洋酸化等气候危害将急剧增加。

根据IPCC的定义，碳中和是指将人类活动造成的二氧化碳排放量与二氧化碳吸收量在一定时期内达到平衡的状态，[①] 其可以通过两条路径实现：一是减少碳排放量，即通过大幅

---

① IPCC. Global warming of 1.5℃［R/OL］. https://www.ipcc.ch/sr15/，2018.

提高能源、工业、建筑和交通等部门的非化石能源使用及能源利用效率，最大限度地进行减排；二是增加碳去除量，即通过人为增强森林、草原、海洋等自然生态系统的碳汇能力，或者通过CCUS（碳捕集、利用与封存）等碳去除技术对温室气体进行封存。

气候变化是环境问题、发展问题，也是全球治理体系的重要议题。碳中和带来的不仅是对能源结构的调整，还有人类生产方式与消费习惯的深刻变革。从20世纪90年代至今，国际社会积极探索应对气候变化的措施，通过开展一系列国际合作，制定行动机制，逐步形成了规范全球气候环境保护与发展的秩序。

（二）国际碳中和行动

国家层面的碳中和目标与全球气候治理进程密切相关。20世纪90年代以来，国际社会先后通过《联合国气候变化框架公约》（1992年，以下简称《公约》）、《京都议定书》（1997年）和《巴黎协定》（2015年）三份应对气候变化的重要国际法律文件，提供了国际社会有关温室气体减排的法律保障、基本框架和路线图（见表1-1）。特别是2015年的《巴黎协定》和 IPCC 的六份评估报告，直接催生了国家及全球层面的碳中和目标。

表1-1 全球应对气候变化的三份主要文件

文件名称	《公约》	《京都议定书》（《公约》的补充条款）	《巴黎协定》
通过时间	1992年	1997年	2015年
生效时间	1994年	2005年	2016年
缔约方个数	197个	192个	178个
主要内容	目标是将大气中温室气体的浓度稳定在防止气候系统受到危险的人为干扰的水平上	人类历史上首次以法规的形式限制全球温室气体排放，还建立了旨在减排温室气体的三个灵活合作机制——国际排放贸易机制、清洁发展机制和联合履约机制	对2020年后应对气候变化的国际机制做出安排，重申2℃以内的全球升温控制目标，提出要努力实现1.5℃以内的目标，21世纪下半叶实现温室气体人为排放与清除之间的平衡

资料来源：李文仲，郭烨，等．制造企业碳达峰碳中和行动浅析［C］//重庆市机械工程学会铸造分会．2022重庆市铸造年会论文集．重庆：［出版者不详］，2022：32-37。

1992年5月，在联合国环境与发展大会上，政府间谈判委员会通过了《公约》，并首次确立了应对气候变化的最终目标，即将大气中温室气体的浓度稳定在防止气候系统受到危险的人为干扰的水平上，同时确立了国际合作应对气候变化的基本原则，包括共同但有区别的责任原则、公平原则、各自能力原则和可持续发展原则等。这是世界上第一个为全面控制温室气体排放而制定的国际多边条约，为人类共同应对全球气候变化所带来的经济和社会影响搭建了基本框架。

为加强《公约》的实施，1997年《公约》第3次缔约方大会通过了《京都议定书》。这份文件首次以法规的形式限制全球温室气体排放，规定在2008—2012年，39个工业化国家须将年均温室气体排放总量在1990年的基础上降低5.2%。同时还确立了发达国家履约可以采取的三个灵活合作机制：一是国际排放贸易机制，即发达国家之间的温室气体排放权交易；二是清洁发展机制，即发达国家可以与发展中国家开展减排项目合作，由发达国家购买减排项目产生的减排量；三是联合履约机制，即发达国家和经济转型国家之间开展减排项目合作，一方将项目产生的减排量转让给另一方。

为进一步加强国际社会合作，并对2020年后应对气候变化的国际机制做出安排，2015年12月，《公约》第21次缔约方大会达成了《巴黎协定》，该协定提出了将全球平均气温升幅控制在2℃以内的长期目标，并为将气温升幅控制在1.5℃以内而努力。《巴黎协定》既提出了明确的远景目标，又强调了各国行动的自主性，允许各缔约方根据自身经济社会发展情况，自主提出碳减排等贡献目标，这种自下而上的承诺模式确保了最大范围的参与。

《巴黎协定》签署后，越来越多的经济体向联合国提交长期温室气体低排放发展战略并提出碳中和目标。2020年，欧盟、中国、日本等世界主要经济体先后宣布各自的碳中和目标，这引起了国际社会的高度关注。拜登政府上台后着力扭转特朗普时期的消极气候政策，宣布美国重返《巴黎协定》并计划于2050年实现碳中和目标。2021年11月，《公约》第26次缔约方大会召开前后，俄罗斯、印度、沙特阿拉伯等经济体也纷纷提出碳中和目标。截至2022年底，全球已有140多个经济体提出了各自的碳中和目标。虽然全球碳中和目标的实现仍面临诸多挑战，但从总体上看，国际碳中和行动的队伍和影响力正在不断扩大。

（三）碳中和实现的路径

碳中和的实质是从不可持续的黑色工业向可持续的绿色工业发展的新一轮工业革命，其核心是能源领域的绿色转型，以风电、光伏、氢能等清洁能源代替传统化石能源，或以CCUS等清洁技术中和传统化石能源所造成的碳排放。根据英国石油公司的预测,在2050年实现碳中和目标的假设下,传统化石能源(煤炭、石油、天然气)在一次能源消费中的占比将由2018年的近85%下降至2050年的约22%,而可再生能源(风电、光伏、核电、水电等)的占比将由2018年的15%提升至2050年的78%。以风电、光伏为代表的新能源与传统化石能源的最大区别在于,新能源高度依赖其技术进步,这种技术渗透在开发、运用、运输、存储等各个环节。随着技术进步速度的加快,新能源技术的综合运用成本将呈逐渐降低趋势,并与传统化石能源的差距逐渐缩小,甚至有望比传统化石能源更具有经济性。

为了对碳减排过程制定明确的总量控制目标,同时通过市场化方式提高这一过程的运作效率,国际社会创新设立了碳交易机制。根据科斯定理,当产权界定清晰时,人们可以有效选择最有利的交易方式使交易成本最小化,从而通过交易来解决各种问题。如果将温室气体排放界定为一种具有明确归属的权利,则可以通过在自由市场上进行碳排放权交易,将社会的排放成本降至最低。在这样的制度理论基础上,国内外建立了一系列生产端碳排放权交易市场机制。在碳交易机制中,国家监管机构或行业组织在一定的标准体系下,向企业发放一定数量的碳配额，碳超排企业可以通过向碳少排企业购买富余的碳配额或碳减排量来抵消其超排的温室气体，进而达成碳排放总量履约的目标。截至2023年4月末，全球已建立37个碳排放权交易体系，包括1个超国家层级、10个国家层级、20个省州层级及6个城市层级。

面对碳排放这一覆盖面广泛且影响超越当前时间和空间的外部性问题，在市场不能有效配置绿色发展资源的情况下，需要外生的绿色金融工具进行有效引导。例如，通过降低绿色投融资的成本，增加绿色资金的获得性，甚至创设新的交易市场以解决绿色投融资不足的问题。因此，绿色金融是金融领域推动碳中和的发展方向。据中国金融学会绿色金融专业委员会课题组发布的《碳中和愿景下的绿色金融路线图研究》，在碳中和的背景下，自2021年起，中国未来30年的绿色低碳投资累计需求将达约487万亿元。为发挥绿色金融的资源配置功能，为绿色产业筹集资金，并防范环境气候因素导致的金融风险，我国通过自上而下的政策推动，建立了系统性绿色金融政策框架。在监管政策方面，通过绿色金融顶层架构、分类标准、信息披露要求、激励约束机制等多个方面进行政策规制和指引，并在此基础上已初步形成多层次绿色金融产品和市场体系。目前，绿色金融产品和工具已被广泛应用到经济活动的实践中，包括绿色信贷、绿色债券及资产证券化、绿色股票指数和相关产品、绿色产业基金、绿色保险、碳账户、碳金融及其衍生品等。

另外，碳中和目标的实现离不开企业、家庭和居民的共同参与，政府可以通过社会宣传鼓励和引导企业与居民积极参与低碳减排活动。从企业角度来说，一方面，控排企业需要在国家政策的规制下积极履行减排义务；另一方面，非控排企业为树立企业形象，也有基于会议、零碳工厂、零碳建筑等碳减排项目承担自身或局部碳中和责任的动力。从个人角度来说，国家碳中和目标的实现，有赖于每个地区、市场主体、家庭与个人形成绿色环保观念并参与绿色转型的积极意愿，而这最后都将落实到个人"从我做起，身体力行"的尝试中。个人参与碳减排，不仅能够收获因碳减排带来的经济价值，还能享受到环境改善对个人生活福利的提升，每个人都可以发挥主观能动性，积极培养绿色低碳的生活习惯。

（四）中国碳中和战略举措

我国是全球第一大碳排放国，在全球气候治理中起着关键作用。欧美等发达国家和地区从碳达峰到碳中和普遍有50~70年的过渡期，而我国的过渡期只有30年。考虑到我国人口数量、发展速度、经济规模以及资源禀赋，用30年走完欧美国家需要走六七十年的道路，难度可想而知。从近两年历次高层表态与各类文件、会议可知，我国对实现碳中和的决心和力度之大是前所未有的。这不仅关乎可持续发展战略，也是展现中国作为负责任大国形象的切实行动。

近10年来，绿色经济已在全球范围内迅速发展，并掀起氢能、储能、新能源汽车、智能电网等领域的技术竞争。我国凭借强大的装备制造、国内超大规模市场，以及掌握的核心技术和关键产业链等优势，已在可再生能源、新能源汽车等领域处于世界领先地位，但仍存在一些"卡脖子"的技术环节，如芯片、锂电池隔膜等。碳中和目标将加速我国能源转型和能源革命进程，通过大幅提升能源利用效率和大力发展非化石能源，逐步摆脱对化石能源的依赖，以更低的能源消耗支撑我国经济社会发展目标的实现。未来，我国将在技术发展、金融支持、国际合作等方面持续推进低碳转型。

第一，利用低碳技术争取行业主导权。与传统化石能源存在资源垄断不同，新能源（如风电、光伏、水电等）分布更加均匀，因此，新能源领域较难通过供给垄断掌握市场定价权，而是要以技术输出实现。我国在风电、光伏等新能源领域已经走在世界前列，拥有市场和技术优势，未来也将继续开展技术攻关与成果转化，提升我国低碳技术在国际市场的权威，争取行业主导权。

第二，发展绿色金融，引领国际资本流动。在相关政策的大力支持下，我国在绿色金融政策、实践及市场规模等方面已取得显著进展，将助力新能源企业降低融资成本，引导国际资本流动，增强我国在新能源市场中的定价能力。与此同时，以碳交易市场为核心，不断发展完善碳金融市场也是我国的重要战略选择。面对世界主要发达国家不遗余力地利用碳交易扩大本国货币的国际交易和结算能力，我国也将抓住作为清洁发展机制项目卖方大国的机遇，提升人民币在国际货币中的地位。

第三，依托"一带一路"倡议，加强推广新能源金融。"一带一路"共建国家的传统能源缺口大，在这些国家推广新能源具有较强的可操作性。以新能源建设为契机，推动绿色债券等创新融资形式，在为新能源金融市场创新更多金融产品，拓展市场深度和广度的同时，可以增加使用人民币作为结算货币的场景，借助新能源金融，逐步实现人民币区域货币功能。

此外，我国已充分认识到绿色消费方式转变的重要意义及迫切性，相继出台了一系列与之相适应的政策法规。2016年2月17日，国家发展改革委、中宣部、科技部等十部门联合出台了《关于促进绿色消费的指导意见》，从消费角度提出了加快生态文明建设，推动经济社会绿色发展的要求。2020年3月11日，国家发展改革委与司法部联合印发《关于加快建立绿色生产和消费法规政策体系的意见》，指出推行绿色生产和消费是建设生态文明，实现高质量发展的重要内容，要在重点领域、重点行业、重点产品和技术等方面，加快建立绿色生产与消费的相关制度和政策，逐步构建激励与约束并重的法律法规、标准和政策体系。2021年2月2日，国务院发布《关于加快建立健全绿色低碳循环发展经济体系的指导意见》，强调在各个领域实践绿色生活方式，实施绿色生产、绿色消费，全面提升我国绿色发展水平，着力破解中国的资源环境问题。2022年1月18日，国家发展改革委等七部门联合发布《促进绿色消费实施方案》，指出促进绿色消费是消费领域的一场深刻变革，必须在消费各领域全周期全链条全体系深度融入绿色理念。在这些政策引导下，推行绿色消费已成为一种社会趋势。

二、消费端碳减排

循环经济又称资源循环型经济，是指以资源节约和循环利用为特征、与环境和谐的经济发展模式。面对以"高能耗、高污染"为主要特征的传统经济发展方式所造成的资源枯竭、环境污染和生态退化等环境问题，循环经济以减量化（reducing）、再利用（reusing）和再循环（recycling）为原则，强调经济系统与生态环境系统之间的和谐，着眼于如何通过对有限资源和能源的高效利用，减少废弃物排放来获得更多的人类福利，本质上是一种生态经济。

循环经济包括原料、生产、流通与消费四大环节，生产资料从原料环节经过加工逐步形成商品，再流转到消费环节，这一过程使与碳减排相关的场景变得越来越复杂，牵涉的主体越来越多，碳循环经济体系所对应的碳信息流与价值链传导机制也由简单的线性关系转向复杂的网状结构。其中，消费作为碳循环经济体系的最后一环，对碳信息与碳价值的传导起着十分重要的作用。因此，促进消费端绿色转型，将直接推动"资源—产品—废弃物"的单项式发展路线向"资源—产品—废弃物—再生资源"的反馈式循环过程转变，这一转变对于推进资源节约、集约利用，建设资源循环型产业体系和废旧物资循环利用体系，进而保障我国资源安全和推动"双碳"目标的实现具有重大意义。

（一）消费端碳减排的重要意义

居民消费产生的碳排放包含两个方面：一是居民在生活中的能源消费所造成的直接碳排放，比如家电使用、私人交通、住房供暖等；二是居民在消费商品和服务过程中的能源消耗所造成的间接碳排放，比如生活中消费的衣服、食品、日常用品等在生产过程中所产生的碳排放。虽然我国面向终端个人消费者的绿色转型政策起步较晚，但消费领域的绿色转型深度、广度和速度在我国绿色转型整体进程中发挥着重要作用。具体而言，消费端碳减排的重要意义主要体现在以下三个方面。

第一，消费端是碳排放产生的重要来源之一，具有巨大的减排空间。据碳足迹概念测算数据，全球温室气体排放总量的约70%来自家庭消费,[1]我国与居民生活消费相关的直接碳排放和间接碳排放约占碳排放总量的53%,[2]对比世界平均水平,我国居民生活消费的碳排放占比仍存在较大的上行压力。当前,我国家庭能源需求占国家能源需求的比重约为26%,产生的碳排放占全国二氧化碳排放的比重约为30%。[3]我国生活消费领域的绿色转型滞后于生产领域,生产领域绿色转型的效率提升不足以抵消消费规模扩张所带来的消极资源环境影响,直接导致经济整体绿色转型趋势的放缓。[4]

第二,消费是我国经济发展的重要驱动力,消费端需求产品的结构反向刺激和调整生产端安排。据国家统计局数据,2016年起,每年我国最终消费支出对经济增长的贡献率均超50%,其中2021年的贡献率达65.4%。"十四五"期间,我国进入以畅通国民经济循环为主构建新发展格局的历史阶段,

---

[1] Hertwich E G, Peters G P. Carbon footprint of nations: A global, trade-linked analysis [J]. Environmental Science & Technology, 2009 (3): 6414–6420.

[2] 中国日报网. 数字化如何助力公众践行低碳生活 [EB/OL]. https://cn.chinadaily.com.cn/a/202108/26/WS612751d6a3101e7ce9760815.html, 2021-08-26.

[3] 曾红鹰, 陶岚, 王菁菁. 建立数字化碳普惠机制, 推动生活方式绿色革命 [J]. 环境经济, 2021 (18): 57–63.

[4] 王宇, 王勇, 任勇, 等. 中国绿色转型测度与绿色消费贡献研究 [J]. 中国环境管理, 2020 (1): 37–42.

消费将进一步成为双循环的内生动力。同时，通过引导消费者逐步构建绿色消费意识，可以提高消费者作为消费端经济主体对绿色产品的支付意愿，对企业的技术、流程和商业模式"用脚投票"，有利于促进科技变革和反向调整生产端安排，塑造绿色低碳可持续的社会文化氛围。

第三，消费端巨大的碳减排潜力，同时也意味着消费端贡献大量碳信用[①]机会的能力。通过对消费端数以亿计的个人进行低碳减排宣导，形成消费端碳汇资产，能够为具有控排需求的企业提供碳信用资产，助力碳中和目标的实现。

（二）消费端碳减排的"G-B-C"路径

参考生产端的碳减排路径，政府作用于企业的"G-B"模式已经在多领域进行探索实践，形成产业政策、碳交易及金融支持等工具手段。例如，在产业政策领域，国家针对火

---

① 碳信用是指企业或个人依据相关方法学开发的可再生能源、林业碳汇、甲烷利用等温室气体减排项目，经过国际组织、独立第三方机构或者政府确认，依据其实现的温室气体减排效果所签发的温室气体减排量，单位为吨二氧化碳当量。在碳交易、碳税及自愿减排机制下，碳信用可用于抵消主体自身的碳排放量，帮助企业完成碳市场履约、碳税抵减以及实现自身碳中和等。

电、钢铁等高污染行业出台超低排放改造等强制要求，未达标企业无法继续生产经营；在碳交易领域，国家部委及地方政府推动碳市场建设，促进企业将碳排放内化为生产成本，影响企业生产决策，进而促进碳减排；在金融支持领域，大力发展绿色金融，以更优惠的信贷融资政策支持绿色低碳项目，通过引导资金投向间接引导企业行为。

与生产端碳减排场景相对集中、主体参与路径相对简单形成对比，消费端碳减排的承接主体是数以亿计的个人，个人行为与生活习惯决定了碳排放，其碳排放场景复杂而零散，且以间接排放居多，政策缺乏直接引导消费的工具手段。

基于消费端碳减排及政策传导的特殊性，消费端碳减排政策的传导机制可以归纳为政府引导、企业推动、全民参与的"G–B–C"模式。平台企业通过自有运营场景和用户，收集个人的碳减排行为数据，并对个人碳减排行为数据进行分析总结，归纳消费端个人碳减排的经验和规律，向上反馈至政府或监管机构，形成自下而上的传导机制；政府或监管机构在收到平台企业的市场经验反馈后，进一步制定消费端碳减排政策指引，并向下施政于平台企业，平台企业在自有运营场景中将政策向消费端个人落地实施，形成自上而下的传导机制，最终形成以平台企业（B）为媒介的消费端碳减排路径。

在消费端"G-B-C"碳减排传导机制中，平台企业一方面通过自有运营场景向下触达个人，将政府的碳减排政策向消费端传导，引导个人践行绿色低碳生活方式；另一方面向上将碳减排市场经验反馈至政府或监管机构，发挥着承上启下的信息传导和助推作用。因此平台企业是"G-B-C"消费端碳减排机制中的核心角色。

（三）消费端碳减排的有效方式

完成有效推动消费端碳减排任务，具有以下两项重要前提：一是明确居民生活中哪些场景构成了最主要的碳排放源，以及消费行为向何种方式转变能够最大限度地实现碳减排效果；二是确定通过怎样的方式才能将绿色消费观念传递给广大居民，进而引导其改变原有的消费习惯，做出有利于环境的消费选择。

从绿色消费的主要场景来看，衣食住行用在我国居民的整体消费中占比接近八成，其中衣物服饰生产、餐饮浪费、室内空调使用、驾驶燃油汽车出行等，都是消费端碳排放的重要来源。因此，绿色消费路径的选择，可以在衣食住行用的大方向下，从每个细分环节找出最有效的减排方式，并加以宣传推广。例如，2019年欧盟委员会发布的《欧洲绿色协议》提出重点关注食品、住房、生活用品、出行及政府采购等消费场景，而我国早在2016年国家发展改革委等部门印发的《关于促进绿色消费的指导意见》中就已经将旧衣回收、绿色居住、绿色出行、绿色产品供给等列为绿色消费的重点领域。

从推动绿色消费的具体方式来看，由于个人的消费习惯是其偏好及效用评估等因素综合影响而形成的，受居民收入、产品价格、社会中多数人的选择等多种因素影响，且存在一定程度的消费刚性，因此推动人们改变长久以来形成的消费习惯并非易事，仅依靠社会宣导可能很难触动每个消费者，使他们做出行为上的改变。近年来，围绕消费端碳减排的政策制定已经开始关注对消费者偏好和习惯的研究，背后涉及经济学、心理学、社会学等诸多理论学科。

很多研究指出，蓬勃发展的行为科学或可以为消费端碳减排的政策制定提供思路，各国政府也在积极探索利用行为科学的洞察构建新型干预方案，用以替代传统的政策干预措施。其中,助推理论认为,个体行为受决策环境微妙变化的影响,也就是说,通过调整选择架构有可能改变人们的行为。[①]这种既保留人们的主观选择权,又能把人们引向正确决策的方式,或将在绿色环保这个对大多数人而言仍然较陌生的领域发挥重要的政策价值。

---

① Thaler R, Sunstein C. Nudge: Improving decisions about health, wealth, and happiness [M]. London: Penguin Books, 2008.

第二章

绿色消费场景

近年来，我国居民消费水平保持平稳较快增长，已成为经济增长的第一拉动力。2023 年上半年，最终消费支出对经济增长的贡献率已达 77.2%。[①] 随着物质条件的日益改善，人们开始关注对自身成长或社会环境更有益的消费方式。绿色消费作为实现碳中和目标的重要路径之一，围绕人们生活中衣食住行用等丰富场景，提供了个人参与碳减排的具体方式，影响和改变着人们的生活习惯。

明确绿色消费的具体方向是引导居民优化消费行为的前提，这一过程需要分析人们的消费习惯，找出其中存在的资源浪费或环境污染等问题，进而发现减排效果最显著的消费

---

① 数据来源：国家统计局。

方式，如采用低碳交通工具、发展共享经济、推广低能耗住房及节能家电、促进垃圾分类及循环利用等。

一、绿色消费的概念

绿色消费兴起于 20 世纪七八十年代，主要关注人们的消费行为是否对资源环境友好。1992 年，联合国环境与发展大会通过的《21 世纪行动议程》首次提出，"不适当的消费和生产模式所导致的环境恶化、贫困加剧和发展失衡是地球所面临的一个严重问题，所有国家均应全力促进可持续的消费形态"，绿色消费理念开始在全球范围内得到倡导和传播。

绿色消费的本质特征可以概括为 5R，即 Reduce（节约资源、减少污染）、Reevaluate（绿色生活、环保选购）、Reuse（重复使用、多次利用）、Recycle（分类回收、循环再生）、Rescue（保护自然、万物共存）。2016 年 2 月，国家发展改革委等十部门联合发布《关于促进绿色消费的指导意见》，明确绿色消费是"以节约资源和保护环境为特征的消费行为，主要表现为崇尚勤俭节约，减少损失浪费，选择高效、环保的产品和服务，降低消费过程中的资源消耗和污染排放"。

伴随我国人口结构的变化和城镇化水平的提高，在就业、收入、社保等多种有利因素的共同促进下，我国居民消费发展步入转型期，消费升级态势明显。据统计，我国居民恩格尔系数从2001年的38.2%，逐步下降至2022年的30.5%，预计到2035年还将继续下降到20%，达到联合国划分的20%~30%的富足标准。在消费升级的整体趋势下，人们的消费形态将逐步由物质型向服务型转变，交通通信、教育文化娱乐、医疗保健等方面的消费比重将不断提高。消费结构的变化将使产品与服务的供给侧做出相应调整，为培育生态文化价值观和绿色生活方式创造重要的窗口期。在这一重要阶段，梳理绿色消费场景，明确绿色消费的具体方式，对营造绿色低碳的生活氛围，培养绿色消费习惯，推动绿色产品制造以及节能环保产业的发展具有重要意义。

消费不仅是生活端的起点，还是生产端的终点。经济绿色转型应该综合反映生产系统和生活系统的整体性转变，体现为产品从生产到消费过程所带来的资源消耗和环境影响不断减小，其中消费可起到联结生产系统和生活系统的作用。绿色消费链条包括绿色产品供给、绿色消费过程和方式、绿色消费终端三个方面。前端可通过加大绿色产品供给比重，改善生产和消费过程的资源环境影响；中端可围绕衣食住行用等重点领域培养绿色消费习惯；后端则可关注消费之后生活废弃物的处置再利用等。以绿色生态产品和服务的供给创新，刺激新的消费需求，也有望为拉动经济增长贡献新的着力点。

二、绿色消费场景变化

我国居民消费主要分为八大领域，包括食品、衣着、居住、家庭设备及用品、交通通信、文教娱乐、医疗保健及其他。其中，衣食住行用领域消费支出占比近八成（见图2-1）。据中国环境与发展国际合作委员会"绿色转型与可持续社会治理专题政策研究"课题组的研究，[①] 2015年我国每单位消费能耗最高的领域为交通通信，单位消费能耗达220.61千克/万元，衣着、家庭设备及用品、居住、食品消费能耗分别为170.99千克/万元、166.80千克/万元、125.19千克/万元、122.44千克/万元。

---

① 中国环境与发展国际合作委员会"绿色转型与可持续社会治理专题政策研究"课题组."十四五"推动绿色消费和生活方式的政策研究[J].中国环境管理，2020（5）：5-10.

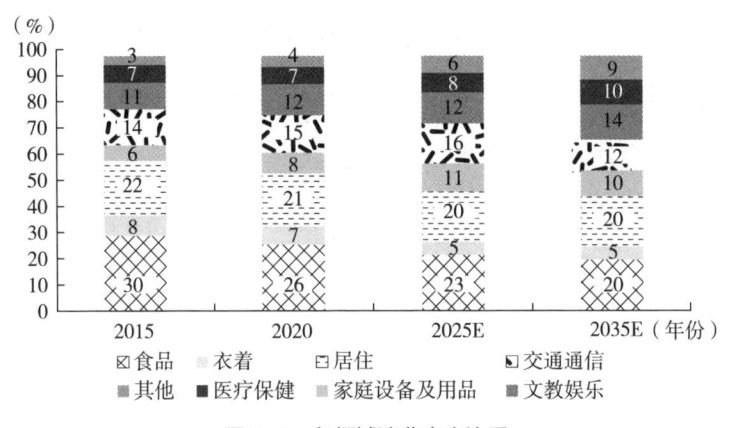

图2-1 各领域消费支出比重

注：E代表预测或预估数值。
资料来源：中国环境与发展国际合作委员会"绿色转型与可持续社会治理专题政策研究"课题组。

根据欧洲国家政策导向，欧盟绿色新政将食品、住房、生活用品、出行及政府采购作为绿色消费的重点领域，《德国可持续消费国家规划》围绕食品、住房、服装、办公、旅游、交通六大领域展开，瑞典国家可持续消费战略着重推动食品、交通及住房领域的绿色消费。[①]我国国家发展改革委等十部门联合发布的《关于促进绿色消费的指导意见》，以及国家发

---

① 中国环境与发展国际合作委员会"绿色转型与可持续社会治理专题政策研究"课题组."十四五"推动绿色消费和生活方式的政策研究［J］.中国环境管理，2020（5）：5-10.

展改革委、司法部发布的《关于加快建立绿色生产和消费法规政策体系的意见》等文件,将绿色消费领域明确为旧衣回收、绿色居住、绿色出行、绿色办公、绿色采购、绿色产品供给等。综合考虑我国居民消费结构及单位能耗等因素,可将衣食住行用及文娱旅游等作为居民开展绿色消费行动的重点领域。

(一)旧"衣"回收,绿色供给

衣着服饰方面的能耗及环境影响,主要发生在生产环节及废弃物处置环节。因此,相应的绿色消费路径一方面在于废弃衣物回收再利用,实现消费减量化;另一方面在于促进企业进行绿色生产改造,从而实现绿色产品供给。

1. 消费端:旧衣零抛弃,让衣物重生

我国是世界纺织服装设计、制造、贸易和消费中心,也是纺织大国、穿衣大国和纺织原材料进口大国。根据《中国废旧纺织品再生利用技术进展白皮书》,我国每年消耗的纺织纤维达 3 500 万吨,由于资源紧缺,每年仍需进口大量纺织品及原材料;2017 年和 2018 年废旧纺织品回收量仅分别为

350万吨和430万吨，再生利用率仅约20%。若充分回收利用废旧纺织品，不仅可以节省大量纺织原材料，解决石油消耗、耕地紧张等问题，还可减少焚烧时有害气体的排放。

我国废旧纺织品回收利用率低，在政策端、产业端及居民端均存在问题。首先，政策端的相关支持与宣传工作启动较晚，缺乏技术研发支持、财税优惠及强制性政策等支撑；其次，回收行业普遍存在小、散等特点，回收技术及再生品附加值低，阻碍产业链价值链的形成；最后，居民端尚未普遍形成旧衣回收再利用的意识，回收渠道也不明确。为实现旧衣零抛弃，让衣物重生，需要建设并完善居民社区废旧纺织品回收体系，规范废旧纺织品回收、分拣、分级利用机制，有序推进二手服装再利用，提高废旧纺织品在土工建筑、建材、汽车、家居装潢等领域的再利用水平。

针对居民缺乏旧衣回收意识等问题，目前部分环保企业尝试通过完善旧衣回收渠道等方式，帮助用户更便捷地实现旧衣再利用。例如，"飞蚂蚁"环保回收平台作为一个倡导环保处理闲置物品的平台，开创了线上预约、线下免费上门回收旧衣的全新模式。用户既可以在"飞蚂蚁"平台线上预约免费上门回收旧衣的服务，也可以在"飞蚂蚁"平台上定位到离自己最近的线下旧衣回收代收点"环保衣栈",自行将衣物送至就近的"环保衣栈"。在回收完成后,用户会获得相应的环保豆奖励以及优惠券、环保证书等。目前,"飞蚂蚁"的回收服务已经覆盖全国超过300座城市。[①] 同时,"飞蚂蚁"还将旧衣物制成环保布袋、环保材料工艺品等,并为其创立了环保再生品牌"焕+"。旧衣回收再利用既延长了衣物的生命周期,降低了对原材料与能源的消耗,也以时尚前卫的方式,向居民宣传了绿色消费与节能环保的重要性。

除了旧衣回收再利用,"共享衣橱"模式的创新也能够有效降低衣物的闲置率,减少过度消费和浪费的现象,从源头上减少衣物生产或处置对环境造成的不利影响。托特衣箱、衣点租和易租衣等 App(移动应用程序)是租衣类共享经济的代表。其中,深圳莱尔托特科技有限公司开发的托特衣箱App,可提供上百种时装品牌的租赁服务,涵盖商务、通勤、休闲、度假、宴会等多种穿衣场景;衣点租 App 为会员提供包年、包月租衣服务,用户可将闲置且保存完好的衣物通过软件共享给别人来获得衣点,使用衣点再租赁其他用户共享

---

① 飞蚂蚁.国内首家线上旧衣物综合处理平台[EB/OL]. http://www.fmy90.com/aboutus.html,2023-07-24.

的衣物；易租衣 App 则聚焦男士正装、女士晚礼服，提供网上租赁与线下体验中心相结合的模式。

2. 生产端：节能生产，构建绿色供应链

作为衣着领域的重要能耗来源，生产端的节能环保及绿色产品供给是促进绿色消费的重要组成部分。在增加绿色产品供给方面：一是要从服装设计、生产过程及销售方式等方面，全方位降低能耗及废弃物产生；二是要提供透明有效的信息，帮助消费者识别具有环保及可持续特征的服装产品，包括要求生产企业披露供应链信息，完善产品绿色标签制度等。

在服装设计环节，节能环保已经成为一种流行风尚。多年前，慢时尚品牌设计师薇薇安·威斯特伍德提出"少买，择优，久存"（buy less, choose well, make it last）的口号，呼吁消费者购买更耐用的时尚单品，从而减少购买次数以支持环保。在其 2022 年秀场系列中，该品牌第一次做到了不采用任何原始合成材料，低环境影响材料使用占比达 98%，用实际行动号召整个行业加入可持续发展行列。此外，部分国际奢侈品品牌也逐渐开始宣传可持续时尚的理念。例如，普拉达与面料生产商艾菲而联合，用海洋废弃塑料制成再生尼龙用于服装制作；古驰也在近几年推出可 100% 回收利用的环保手提袋，停止使用 PVC（聚氯乙烯）材料等。

在服装生产环节，纺织生产过程不仅耗费大量水资源，还消耗煤炭、生物质燃料，从而造成大量温室气体排放，因此绿色生产方式能够创造巨大的减排空间，在生产环节使用可再生能源成为一种有效的碳减排方式。以纺织制衣龙头企业申洲国际为例，该公司使用环保原材料，改善染色工艺，引进环保设备并进行末端水处理再利用，2020 年单位废水排放量较 2016 年减少约 36.41%；其宁波工厂全面使用天然气替代煤炭，2019 年该公司天然气消耗总量约为 0.59 亿立方米，同比增长 61.44%，同年生物质燃料及煤炭消耗总量为 17.48 万吨，同比下降 16.15%，有效减轻了对大气环境的不利影响。

在服装的环保信息标识方面，由欧洲及日本的独立研究和检测机构组成的国际纺织及皮革生态学研究和检测协会（OEKO-TEX®），在纺织品和皮革生态领域开发了著名的环保纺织标准：生态纺织品认证（OEKO-TEX® STANDARD 100）、可持续纺织和皮革生产认证（OEKO-TEX® STeP）以及供应链尽职调查工具（OEKO-TEX® RESPONSIBLE BUSINESS）等。这些认证可从供应链输入端、生产加工过程到最终成品阶段，为整个纺织品价值链上的企业提供支持。其环境影响评估工具可以测量企业每个工艺步骤及每千克材料的碳足迹与水足迹情况，其签发的再生材料认证吊牌，能够帮助消费者了解企业在循环经济形势下的资源回收贡献，追踪产品的环保信息。

（二）绿色饮"食"，杜绝浪费

碳排放广泛发生在食品的原料、生产、包装、物流等各个环节，根据《科学》杂志的研究报告，食物及相关产业链贡献了全球26%的温室气体排放。具体而言，与餐饮相关的能耗及环境影响主要发生在三个环节，分别为农业生产环节、食物包装环节及餐厨废弃物处置环节。相应的转型路径也包括三个方面：一是杜绝食物浪费，实现消费及垃圾处置减量化；二是鼓励饮食结构调整，扩大绿色有机食品供给；三是鼓励简化包装，促进食品碳中和。根据国际经验，欧盟实施"从农场到餐桌战略"以减少营养过剩造成的污染；德国提倡绿色的饮食生活方式，减少食物浪费，鼓励使用低包装或零包装商品等；瑞典关注食品消费的碳排放和食品标签。

1. 杜绝食物浪费

当前我国食物浪费现象严重，其中宴请聚餐是重灾区，因此降低食物的浪费率极为迫切。根据2018年世界自然基金会和中国科学院地理科学与资源研究所联合发布的《中国城市餐饮食物浪费报告》，我国餐饮业人均食物浪费量为每餐93克，浪费率为11.7%；相比之下，根据日本农林水产省公布的《食品浪费统计调查》，日本的食品平均浪费率仅为5.1%。中国社会科学院指出，全国每年在餐饮上浪费的粮食高达4 000万~5 000万吨，是目前粮食生产量的6.0%~7.5%。其中，大型餐馆、朋友聚餐、商务宴请等是餐饮食物浪费的重灾区，朋友聚餐、商务宴请平均每人每餐食物浪费量分别为107克和102克，大型餐馆平均每人每餐食物浪费量为132克。餐饮食物的浪费意味着生产这些食物所用的水、土地、能源等被无端消耗并产生大量碳排放。此外，相应的垃圾处置也会造成污染物及温室气体的排放（见表2-1）。

表 2-1 食物浪费造成的碳排放量

食物种类	城市餐饮食物浪费结构(%)	每万吨主要食物碳排放量(万吨)	2020年城市餐饮业浪费量(万吨)	2020年城市餐饮业浪费碳排放量(万吨)	2025年城市餐饮业浪费量(万吨)	2025年城市餐饮业浪费碳排放量(万吨)	2030年城市餐饮业浪费量(万吨)	2030年城市餐饮业浪费碳排放量(万吨)
蔬菜	29	0.05	817	41	1 316	66	2 120	106
米饭	14	0.9	395	355	635	572	1 023	921
面食	10	0.58	282	163	454	263	731	424
猪肉	8	2.15	225	485	363	781	585	1 257
禽肉	6	2.24	169	379	272	610	439	982
玉米	1	0.32	28	9	45	15	73	23
其他谷物	1	0.45	28	13	45	20	73	33
水果	1	0.15	28	4	45	7	73	11
奶类	0*	0.95	6	5	9	9	15	14
其他	30	0.74	840	621	1 352	1 001	2 178	1 612
合计			2 818	2 076	4 539	3 343	7 310	5 384

注：* 具体值为 0.21，本列数据均为四舍五入后取值。
资料来源：《中国居民膳食指南（2016）》《中国食物与营养发展纲要（2014—2020年）》。

为杜绝粮食浪费，居民可以主动参与到"仓储—运输—零售—餐桌"全链条的反食物浪费行动中，推行科学文明的餐饮消费模式，餐饮企业也可以合理设定有关自助餐食物浪费的收费标准等。随着我国网络餐饮市场规模不断扩大，外卖用户规模快速增长，防范外卖食品浪费成为防止餐饮浪费的重要环节。美团和饿了么作为国内最大的两家外卖平台，均推出"小份餐""适量点餐"等选项帮助有需要的人群减少餐食的分量，进而避免外卖食物浪费的情况。这项服务在消费者群体中获得了积极的响应。截至2023年7月，美团、饿了么共销售"小份餐"11.99亿份。[1]

2. 鼓励饮食结构调整，扩大绿色有机食品供给

饮食结构不同也会带来碳排放量的区别，素食造成的碳排放量要远低于肉食。这是由于动物成长过程中对食物的利用率较低，同时会排放甲烷类温室气体，因此肉食产生的碳排放量在同等情况下远高于素食。在肉类中，不同品种的碳排放量也有区别。例如，牛羊肉等红肉类食品产生的碳排放

---

[1] 人民日报. 多方共治防止外卖食品浪费［EB/OL］. https://www.cenews.com.cn/news.html?aid=1070881，2023-07-22.

量约是相同质量下鸡肉、猪肉类食品的4倍（见图2-2）。由于饮食习惯的不同，在美国等西方国家的均衡菜谱中，肉食占碳排放量的比重超过50%；而在中国，水稻等主食类摄入量较多，碳排放量占比与肉类持平，约为31%。

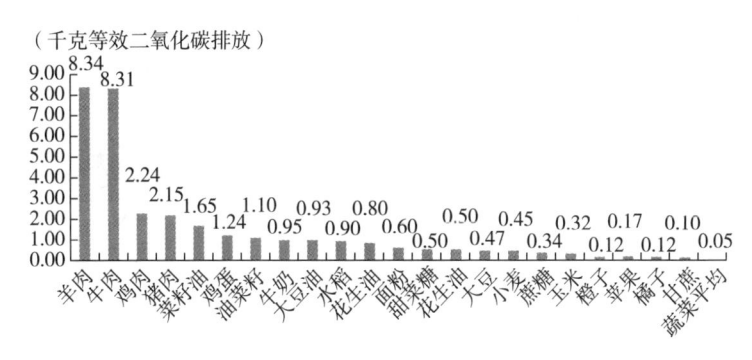

（千克等效二氧化碳排放）

羊肉	8.34
牛肉	8.31
鸡肉	2.24
猪肉	2.15
菜籽油	1.65
鸡蛋	1.24
油菜籽	1.10
牛奶	0.95
大豆油	0.93
水稻	0.90
花生油	0.80
面粉	0.60
甜菜糖	0.50
花生油	0.50
大豆	0.47
小麦	0.45
燕糖	0.34
玉米	0.32
橙果	0.17
苹果	0.12
橘子	0.12
甘蔗	0.10
蔬菜平均	0.05

图2-2 中国每千克食物碳排放量

资料来源：中金研究院。

相较更普遍的杂食食谱，纯素食和蛋奶素食在满足人体均衡营养所需的各种营养物质的情况下，所产生的人均碳足迹分别为杂食的59%和65%（见图2-3）。多吃蔬菜、蛋奶素食，适量吃畜禽肉可减少碳排放并有利于身体健康。

饮食结构的改善主要有如下几种方式：一是依靠公共宣传引导；二是需要产业端通过食品加工创新，将素食做出肉食的味道，淡化饮食结构改变所带来的口味变化；三是在政策上，统一强化绿色有机食品认证体系和标准，扩大绿色食物有效供给。

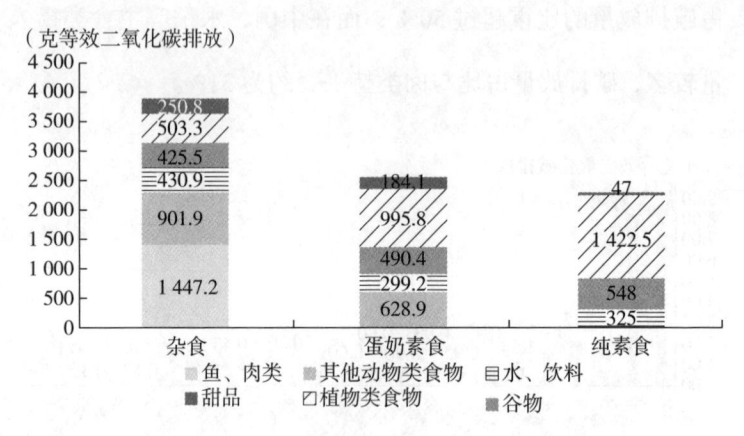

(克等效二氧化碳排放)

食物类别	杂食	蛋奶素食	纯素食
鱼、肉类	1 447.2	628.9	325
其他动物类食物	901.9	299.2	548
水、饮料	430.9	490.4	1 422.5
甜品	425.5	995.8	47
植物类食物	503.3	184.1	
谷物	250.8		

图 2-3 不同饮食结构每日所产生的人均碳足迹

资料来源：中金研究院。

目前部分公司推出植物肉品牌，提供以植物为原料制成的替代肉食品，以降低碳排放和环境影响。如美国某公司使用豆子、甜菜根、椰子油、菜籽油和马铃薯淀粉等制作味道和口感与肉类相似的产品。[①] 中国的某公司致力于开发由黄豆和谷物等植物原料制成的纯素的植物肉产品，制作过程中减

---

① Beyond Meat. Our Products [EB/OL]. https://www.beyondmeat.com/en-US/products/，2023-07-24.

少了对水和土地资源的使用，可以显著降低温室气体排放。①乳制品领域的某龙头企业也积极开展绿色创新，部分产品在原料的获取、生产和运输，以及产品的生产、运输、包装和废弃阶段均实现了温室气体净零排放。

3. 鼓励简化包装，促进食品碳中和

食品行业内碳排放的很大一部分来自包装，其中塑料产生了不少碳足迹。根据国际环境法中心的研究，每生产1千克塑料，将向大气排放3.5千克二氧化碳。因此，绿色餐饮可以在支持餐饮企业、食品零售企业、外卖行业等采用简化包装、可回收利用包装，以及减少过度包装和塑料餐盒使用等方面采取措施。

为了减少包装材料对环境的影响，目前很多食品企业选择使用不污染环境的原料进行材料创新。例如，芬兰的Paptic公司开发了一种基于木纤维的可回收利用的纸张，用于干燥食品包装；纸包装领域的跨国巨头利乐，通过采用可再生原材料制作包装材料，或者工厂通过使用清洁能源、绿色建筑

---

① Haofood. We make plant based protein from peanuts [EB/OL]. https://www.haofood.co/，2023-07-24.

等，从材料源头减少碳排放。

还有一些企业通过改进包装设计，尽量使用单一材料制造包装，既减少因包装印刷和材料消耗带来的多余碳排放，也便于产品使用后的垃圾分类和回收。例如，康师傅发布的"纯萃零糖原味茶饮料"，采用轻量化空瓶设计，减少了PET（聚对苯二甲酸乙二酯）用量，同时使用透明包装瓶减少对油墨的使用；特仑苏"沙漠·有机纯牛奶"的包装采用通过FSC（森林管理委员会）永续森林认证的环保纸板包材，纸板表面没有白色涂层，纸板上层也不做漂白处理。

在包装材料处置方面，饿了么尝试全生命周期的绿色管理，包括与中国包装联合会联合制定外卖包装标准，为商户提供绿色设计指南与采购渠道，尝试餐盒使用后的回收利用等。据统计，到2022年末，饿了么"无需餐具"的订单量已达13亿单，相当于减少使用了6 000吨的木材和3 000吨的塑料。[①]

在绿色生活理念广泛传播的今天，产品包装甚至成为一些企业向消费者传达绿色影响力的方式。例如，元气森林在

---

① 新京报.影响2022之外卖 | 保供配送不掉链，减碳点餐探索创新［EB/OL］. https://www.sohu.com/a/621868862_114988，2022-12-28.

其"零碳"气泡水的瓶身上标注"零碳绿码",消费者在扫描后就可以看到自己手中这瓶饮料全生命周期的碳足迹;达能武汉工厂在脉动维生素饮料的瓶盖上添加由"来自碳中和工厂"和"脉动"字样组成的微笑表情。

(三)绿色建"住",环保家居

居住方面的能耗及环境影响主要来自家用电器等能耗产品的使用,以及对水资源等的消耗。相应的转型路径主要有两个方向:一是在建筑建造过程中,推广绿色建筑、装配式建筑、绿色建材等,推行老旧小区改造,使住房本身具备冬暖夏凉等特征,降低防寒或降温等用电需求;二是推行绿色装修,降低木材的使用量。参考国际经验,欧盟支持公共与私人建筑更新,提升住房、供暖能源利用率;德国将居住供暖在二氧化碳减排上的潜力作为绿色消费的重要衡量指标;瑞典将居住建材的能源标签作为绿色消费的衡量指标。

1. 绿色建筑

根据中国建筑节能协会数据,2018年全国建筑全过程碳排放总量约49.3亿吨,占全国碳排放比重约51.3%,其中建筑使用过程中碳排放占比约42.8%。建筑领域节能一方面需要在建材生产及建筑施工过程中，推动工业生产绿色转型，使用绿色建材，推广装配式及智能施工方式；另一方面在于对绿色建筑、低能耗建筑的设计和推广，降低居民在建筑使用过程中所需的能源资源消耗。

  绿色建筑通过采用环保材料和技术，在设计和建造过程中考虑能源需求效率、水资源管理和室内环境质量等因素，成为居住行业绿色消费的重要领域。在绿色节能建筑的发展过程中，建筑节能技术注重对新能源的开发和利用，比如利用BAPV（光伏与建筑简单组合连接，分布式的主体）和BIPV（光伏建筑一体化）等建筑光伏技术，将光伏组件与幕墙、采光顶、屋顶、阳台等建筑结构结合，提升可再生能源利用率。2022年，我国新增建筑太阳能光伏装机容量约占新增光伏装机总量的51.1%。以住房和城乡建设部公布的各类建筑用地为测算基础，并根据假设的建筑密度和可改造比例进行预测，未来存量建筑的屋顶可以改造加装光伏的潜力为1 448.4千兆瓦。此外，通过对墙壁、窗户、屋顶和隔热层进行节能改造，可以提高建筑物的能源需求效率。例如，在屋顶设计中应用节能技术，合理选择屋顶保温材料和隔热设计等，加强绿色节能效果。新加坡的 SDE4 大楼，其悬挑屋顶装有 1 200 多个光伏面板，利用太阳能满足整栋建筑的供电需求。另外，该建筑内设有创新混合制冷系统，配有天花板跟随器，与新加坡的传统建筑相比，可以减少 36%~56% 的电力消耗。

建筑碳排放源及绿色转型路径见表 2-2。

表 2-2　建筑碳排放源及绿色转型路径

能耗环节	碳排放源	转型路径
建材生产	➢ 水泥生产：碳排放占比约 61%，来源于石灰石化学反应，非电能源及电力消耗 ➢ 钢铁生产：碳排放占比约 35%，来源于焦化、烧结、球团等工序，非电能源及电力消耗 ➢ 铝材生产：碳排放占比约 3%，来源于电解铝过程中的电力消耗等	➢ 水泥生产：原料替代、碳捕集封存；轻质隔墙板替代传统水泥墙板 ➢ 钢铁生产：电弧炉炼钢替代高炉炼钢、碳捕集封存 ➢ 铝材生产：电力工业绿色转型、碳捕集封存
建筑施工	➢ 机械能耗：挖掘机、塔吊等施工机械设施燃油排放（对应建筑施工碳排放占比 2.03%） ➢ 资源浪费：建造过程返工及材料浪费，临时设施及周转材料重复利用率低等，加重建材生产环节碳排放	➢ 机械能耗：提升工程机械电气化率并使用绿电 ➢ 资源浪费：通过建筑工业化（装配式建筑）、数字化（BIM）提升施工效率，减少建筑垃圾

续表

能耗环节	碳排放源	转型路径
建筑运行	➢ 碳排放增项：建筑运行环节暖通空调、生活热水、照明及电梯等的碳排放量 ➢ 碳排放减项：建筑运行环节可再生能源、建筑碳汇系统的碳减排量	➢ 建筑节能：推广绿色建材（保温材料、节能玻璃等）及绿色建筑（超低能耗设计、智能管理等） ➢ 可再生能源替代：开发光伏建筑，利用太阳能光热、地热能、空气热能等

近20年来，我国政府循序渐进地推动绿色建筑行业发展。从"十五"时期到"十三五"时期，共经历了科技先行先试、搭建平台体系、激励促进、强制普及四个阶段。目前，我国绿色建筑领域已形成较为完善的政策体系。在建材生产方面，2020年8月，国家市场监督管理总局等三部门联合发布《关于加快推进绿色建材产品认证及生产应用的通知》，该通知启动了我国绿色建材产品认证工作，鼓励在政府投资工程、重点工程、市政公用工程、绿色建筑和生态城区、装配式建筑等项目中率先采用绿色建材，打通供给侧与需求侧通道。在建筑施工方面，2017年3月，住房和城乡建设部发布的《"十三五"装配式建筑行动方案》要求，到2020年全国装配式建筑占新建建筑的比例达15%；2016年2月，中共中

央、国务院印发的《关于进一步加强城市规划建设管理工作的若干意见》要求，用10年左右时间使装配式建筑占新建建筑的比例达到30%，以京津冀、长三角、珠三角为重点推进地区。根据"十四五"期间各省市装配式建筑政策目标，到2025年，装配式建筑占新建建筑的比例基本在30%以上，最高达50%。与现浇式建筑（传统盖楼是现场浇筑混凝土）相比，装配式建筑施工方式在建材生产及建筑施工环节的碳排放量均有一定量的减少。一方面，装配式建筑采用集约规模型数字化生产模式，在一定程度上减少了材料消耗；另一方面，其后期采用机械化安装方式，大幅度规避了建筑废弃物的出现，能耗降低超20%，节能减排优势明显。根据《装配式建筑综合效益分析方法研究》测算，以预制率约35%的30层装配式混凝土住宅项目与同等规模的传统建筑相比，装配式建筑在整个生命周期内的建造阶段减少碳排放645.66吨，使用阶段减少碳排放2 415.9吨。在政策的持续推动下，近年来国内装配式建筑迎来高速发展。2016—2021年，全国新开工的装配式建筑由1.14亿平方米增长至7.4亿平方米，年复合增长率达45%。在建筑运行方面，截至2022年上半年，我国新建绿色建筑面积占新建建筑的比例已经超过90%，住房和城乡建设部等 15 部门联合发布的《关于加强县城绿色低碳建设的意见》提出绿色建筑逐步向县城发展。

绿色建筑评价标准见表 2-3。

表 2-3 绿色建筑评价标准

类别	控制项	评分项
安全耐久	场地安全、结构牢固、防水防潮、安全防护等	抗震性能、防护措施、防护玻璃门窗、防滑措施、适变性、耐久性
健康舒适	污染物浓度、给水排水系统、隔声性、照明、热环境等	环保装饰装修材料、水质、声环境与光环境、室内热湿环境
生活便利	无障碍步行系统、公共交通、停车场充电设施等	出行与无障碍、服务设施、智慧运行、物业管理
资源节约	节能设计、房间朝向、照明设计、结构布置等	节地与土地利用、节能与能源利用、节水与水资源利用、节材与绿色建材
环境宜居	日照标准、配建绿地、标识系统、生活垃圾分类等	场景生态与景观、室外物理环境等

资料来源：《绿色建筑评价标准》(GB/T 50378—2019)。

目前，国内已开展许多绿色建筑试点。例如，北京中信大厦先后获得 LEED（能源与环境设计先锋奖）金级认证（2020 年）、WELL 铂金级认证（2021 年）、中国绿色建筑评估标准中的三星级绿色建筑标识（2021 年），其采用的智能 LED（发光二极管）照明系统、应用变频技术的空调系统、垂直电梯、光伏屋顶、综合能源管理系统等，预计每年节约的电量相当于间接降低碳排放4 000吨；① 深圳平安金融中心获得美国LEED铂金级以及中国绿色建筑三星级双料认证，其通过窗帘太阳自适应控制系统、高空取风、冰蓄冷制冷系统、热回收系统及变风量空调系统（VAV）、雨水回收及水循环系统等八大绿色系统的运用，一年节电量约710万千瓦时，节水量近4.1万立方米。②

天津生态城是我国首个大规模的、示范性的绿色低碳新城区，其在绿色建筑方面采用了一系列创新低碳措施，运用了大量节能建筑材料，如高效保温材料和太阳能光伏板，以减少能源消耗和碳排放。生态城率先建设的被动式超低能耗建筑，可实现年节电量约17.2万千瓦时，能源自给率达112%，每年减少二氧化碳排放329吨。③ 此外，生态城还应用了先进的智能化系统，如智能照明、智能能源管理和智能家居控制等，实现了对能源使用情况的实时监测和调控，进

---

① 中信集团.中信和业打造绿色建筑 践行"双碳"战略［EB/OL］.https://www.group.citic/html/2022/News_0429/2526.html，2022-04-29.
② 南方周末.打造绿色建筑新标杆，中国平安书写"双碳"答卷［EB/OL］.http://www.infzm.com/contents/240666，2022-12-20.
③ 中新天津生态城管理委员会.中新天津生态城作为我国唯一低碳城市优秀案例 向世界展示"低碳经验"［EB/OL］.https://www.eco-city.gov.cn/p1/stcxw/20230210/47979.html，2023-02-10.

一步提高了能源利用效率。

2. 绿色家居

中国林产工业协会和前瞻产业研究院数据显示，近10年来我国木材消费总量增长了173%，成为全球第二大木材消耗国和第一大木材进口国；在每年的木材消耗中，家居家装领域占比持续走高，其中人造板占比最高，为32.99%，实木类家居产品占比约3%。树木对二氧化碳具有很好的吸收作用，地球上一棵树一年可减少超过21.8千克的二氧化碳。因此，减少木材消耗、提升木材利用率，是实现碳中和目标的重要一环。

我国木材年消耗总量和木材年产量分别见图2-4和图2-5。

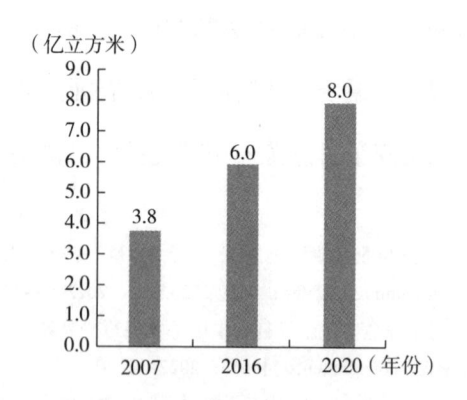

图2-4 我国木材年消耗总量

资料来源：中国林产工业协会，国家统计局。

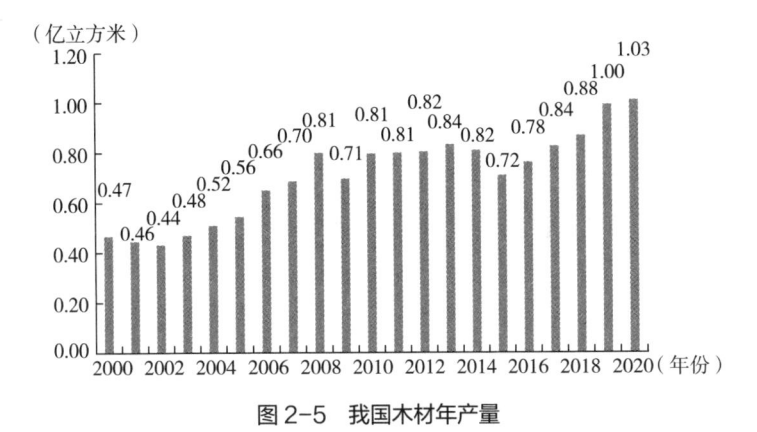

图 2-5 我国木材年产量

资料来源：中国林产工业协会，国家统计局。

家居家装行业作为木材消耗大户，近年来为实现成本管控与低碳环保等目标，持续通过智能制造方式及柔性化生产提高木材利用率。先进的柔性化生产等智能制造方式，与微电子学、计算机和系统工程等技术有机结合，借助大数据、信息化软件，对于尺寸不一的各类柜体，可通过自动组合、运算及排版，出具最佳切割方案。随后，通过柔性化设备进行生产，既可充分满足家具产品的定制化需求，又可减少材料浪费，提高木材利用率，减少树木砍伐。目前，我国定制家居龙头如欧派、索菲亚等企业，均发力柔性生产技术，木材利用率已提高到85%以上，很好地减少了木材消耗，助力碳中和目标实现。

在家居装修中，还应更多地选择可再生材料、低碳材料等，以减少对环境的污染。例如，大自然家居推出了植物水漆等产品，植物水漆可替代石油原料，从而大幅降低碳排放，同时拥有漆膜硬度更优、抗刮、耐污、耐黄变等性能，可提高使用时长。

（四）低碳出"行"，智慧交通

根据国际能源署（IEA）测算，2018年交通部门碳排放总量约9.4亿吨，其中，公路、民航、水路和铁路运输的直接碳排放占比分别约为82%、9%、7%和2%。一直以来，公路运输都是我国交通领域最主要的碳排放来源，占比长期维持在80%左右；民航运输为碳排放增速最快领域，2005—2019年增长约293%；近年来铁路运输电气化率提升，虽然运营里程快速增长，但直接碳排放增长相对较慢。

出行活动的能耗及环境影响主要来自动力交通工具的使用，相应的转型路径主要有两个方向：一是在城市规划建设中提高公共交通系统建设的比重，创建智慧城市，提升公共交通系统的效率，鼓励步行、自行车和公共交通等低碳出行方式，加强自行车专用道和行人步行道等城市慢行系统建设，改善自行车、步行出行条件；二是加大新能源汽车推广力度，加快电动汽车充电基础设施建设，倡导汽车共享、拼车出行等共享出行模式。

1. 公共交通

根据 Defra（英国环境、食品和农村事务部）2018 年公布的数据，飞机的排放因子为 0.182 77kgCO$_2$e/km（每千米千克二氧化碳当量），火车的排放因子为 0.012 26kgCO$_2$e/km，即相比飞机，火车是更低碳的长途出行方式。但由于飞机更快捷，以及人们的消费习惯在短期内不会改变，作为传统的高碳排放的航空运输业，也在积极探索针对乘客的低碳减排运营服务模式。例如，中国南方航空以自有航空会员积分体系为依托，在预订餐饮、电子票务等环节帮助用户低碳出行；中国东方航空则推出采用可持续航空燃料①的"可持续飞行"主题航班，2022 年全年节约燃油消耗达 2 468 吨，减少碳排放超 17 万吨；厦门航空则从飞机减重入手，推出了"轻装出行"活动。

---

① 可持续航空燃料是以废弃的动植物油脂、油料、使用过的食用油、城市生活垃圾和农林废弃物为原料的燃料。

在火车运输方面，高铁是现代化绿色交通的重要标志。中国国家铁路集团有限公司的数据显示，高铁每人百千米能耗仅为飞机的18%和大客车的近50%。[1]提高高铁占比以及优化高铁运营，可以加快火车运输的低碳化。此外，针对高铁机务段能耗问题，也有公司尝试开展节能创新。例如，杭州禾迈电力电子股份有限公司与赫里欧新能源有限公司合作，为山东淄博高铁维护车间安装BIPV项目，以清洁电力替代高碳电力。该项目不仅为铁路机车整备、检修及其日常用电提供绿色能源，还大幅降低用电成本，并解决了原有屋顶的漏水问题。同时具备建筑美观性，以及防火、防水、保温等功能。[2]该项目被评选为当地铁路系统示范项目，为铁路能源转型提供了新范本。

在城市公共交通方面，欧盟提出加快向可持续与智慧出行转变，通过多式联运，提高交通运输效率，使交通运输价格体现在其对环境与健康的影响上；德国通过汽车标签等提供车辆的能效信息，升级本地公共交通网络，使公共交通更

---

[1] 新华社．更环保、更绿色——看中国推动绿色低碳出行［EB/OL］．https://www.gov.cn/xinwen/2021-09/25/content_5639291.htm，2021-09-25．
[2] 经济参考网．禾迈股份助力山东淄博高铁机务段打造绿色示范项目［EB/OL］．http://stock.10jqka.com.cn/20230627/c648354897.shtml，2023-06-27．

具吸引力。2017年6月，深圳巴士集团举行"开启公交全面电动化新时代"仪式，正式宣布其364条公交线路共5 698台运营车辆已全部更新为纯电动公交车。2017年起，北京公交快速发展纯电动、增程式混合动力、氢燃料等不同形式的新能源汽车，形成了当前以新能源汽车为主力车型的新型能源结构。截至2022年末，清洁能源和新能源公交车占比达94.27%。[1]

在城市公共交通中，出租车也是一支重要的队伍，除了增加新能源汽车占比，各地也在不断完善充换电站、加氢站等基础设施。截至2022年末，北京汽车集团累计在北京投放换电出租车3.2万辆，累计建成换电站175座，覆盖五环、城市副中心周边、机场周边等区域。[2] 2023年4月，广东省佛山市投放160多台换电模式新能源出租车，并同步投入3个换电站，这批换电模式的新能源出租车更换电池耗时仅为20秒，叠加进出换电站的时间，最快只需2分钟，每个换电站单日能满足500~600车次换电。

---

[1] 人民网.北京清洁能源和新能源公交车占比超94%［EB/OL］. http://bj.people.com.cn/BIG5/n2/2023/0703/c14540-40479551.html，2023-07-03.
[2] 北京日报.北京EU5快换版正式交付 京城的士暖心驿站开启试运营［EB/OL］. https://baijiahao.baidu.com/s?id=1748916578730631702&wfr=spider&for=pc，2022-11-08.

共享交通和智能交通系统的发展提供了绿色交通的新模式，为降低交通拥堵和减少环境污染提供了有效的解决方案。美团作为一家科技零售公司，旗下的美团单车和美团电单车通过物联网和数字化技术为用户提供便捷、舒适、经济的中短途绿色出行服务。根据美团单车发布的数据，2021年8月至2022年8月美团单车及电单车用户累计减碳43.65万吨。除此之外，美团还创新性地回收外卖塑料餐盒并制成单车零部件，如挡泥板和座桶等，将单车轮胎回收再生用于建设环保塑胶球场等，进一步提高交通出行领域的节能降碳水平。

2. 新能源私家车

受制于电池能量密度等因素，在2030年前，民航和水路运输领域难以脱碳，节能空间也相对有限。预计在2030年前后铁路运输领域电气化率将达90%，但由于在碳排放总量中占比较小，碳减排效果有限。因此，公路将是交通领域碳减排的重要抓手，路径则在于汽车领域的电动化转型。

在出行方面，为促进绿色消费，在使用环节，可以增强绿色汽车产品使用的便利性，降低使用成本；在报废回收环节，推动完善动力蓄电池回收政策和标准，完善制造业相关政策，与保险业融合发展，推动再制造产业发展。

当前，汽车产业已成为我国经济的支柱产业，2009年以来我国汽车销量连续保持全球第一，汽车相关产业从业人员已超过社会就业总人数的1/6。目前我国新能源汽车已走过依赖补贴的阶段，随着锂电池技术的进步，成本逐渐降低，能量密度不断提高，智能驾驶方兴未艾，共同推动新能源汽车渗透率加速提升。根据《新能源汽车产业发展规划（2021—2035年）》，到2025年，新能源汽车新车销售量达到汽车销售总量的20%左右；到2035年，纯电动汽车成为新销售车辆的主流。

随着电动汽车技术不断进步和成本下降，越来越多的消费者开始选择电动汽车作为替代传统燃油汽车的绿色交通方式。2023年5月，《国家发展改革委 国家能源局关于加快推进充电基础设施建设 更好支持新能源汽车下乡和乡村振兴的实施意见》发布；2023年6月，国务院常务会议提出要巩固和扩大新能源汽车发展优势，进一步延续和优化了新能源汽车车辆购置税减免政策，更大地释放新能源汽车消费潜力。在政策和市场的双重持续作用下，2023年上半年，我国新能源汽车继续保持爆发式增长，产销分别完成378.8万辆和

374.7万辆，同比分别增长42.4%和44.1%。[①]截至2023年6月底，全国新能源汽车保有量达1 620万辆，占汽车总量的4.9%。[②]

比亚迪是新能源汽车厂商领域的典型代表之一，早在2008年，绝大多数车企还在燃油汽车领域激战时，比亚迪就推出了全球首款双模电动汽车F3DM，率先实现电动汽车商业化。同年，比亚迪发布"太阳能、储能电站和电动汽车"三大绿色梦想。经过10余年的发展，比亚迪已将绿色能源深植于其发展理念。据该公司年报数据，在2022年比亚迪销售的180.24万辆汽车中，新能源汽车达178.78万辆，同比增长2倍多；比亚迪车主2022年纯电行驶总里程达194亿千米，减少燃油使用约94万吨，全年减少碳排放238万吨，相当于种植1.3亿棵树。

[①] 中汽协会行业信息部.2023年6月新能源汽车产销情况简析［EB/OL］.http://www.caam.org.cn/chn/5/cate_39/con_5236048.html，2023-07-14.
[②] 公安部交通管理局.2023年上半年全国机动车达4.26亿辆 驾驶人达5.13亿人 新能源汽车保有量达1 620万辆［EB/OL］.http://www.caam.org.cn/search/con_5236019.html，2023-07-08.

（五）节能家"用"，资源循环

家用场景相较衣食住行更加复杂多样。从能耗及环境影响的角度，可以分为直接影响和间接影响，其中，直接影响主要包括家电运行、烹饪、取暖、用水过程的能源资源消耗，间接影响主要包括商品生产阶段的资源消耗，以及处置阶段产生的污染物等。相应的转型路径有以下几种：一是鼓励消费者选用节能家电、高效照明产品、节水器具等绿色产品；二是鼓励消费者选用耐用商品，加强资源回收利用，包括提倡使用布袋子、菜篮子，重复使用环保购物袋，减少使用一次性日用品，鼓励企业提供并允许消费者选择可重复使用、耐用和可维修的产品，纺织、建筑、电子等行业开展减少材料使用或可重复利用的可循环产品设计，提倡家具、电子、电器等长期使用，完善社会可再生资源回收体系，鼓励提供电子信息设备和产品的开发升级及维修服务，推进快递包装的绿色化、减量化和可循环等；三是支持发展共享经济，鼓励个人闲置资源有效再利用，有序发展网络预约拼车、自有车辆租赁、民宿出租、旧物交换利用等。

在国际经验中，欧盟促进消费者选择可重复使用、耐用和可维修的产品，日本鼓励居民对生活用品进行回收循环利用。

1. 提高能效标准，选用节能家电

2022年，我国居民用电量为13 369亿千瓦时（见图2-6），相当于碳排放9.19亿吨（2022年清洁能源发电渗透率为30.2%）；城市燃气用量为1 198亿立方米，相当于碳排放2.59亿吨。居民用电量存在刚性增长，除了依靠能源生产体系绿色转型，还可以在消费端通过提高家电能效标准的方式进行协同。

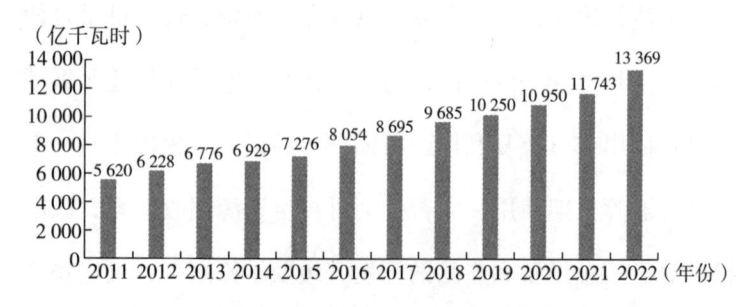

图2-6 2011—2022年居民用电量

资料来源：Wind。

家电创新想提升能效水平，需要家电企业积极推动，并配合国家政策的扶持。目前，很多家电产品不断向节能方向推陈出新（见表2-4）。例如，变频技术可提升空调、电冰箱、洗衣机的能效水平，平板太阳能热水器可缓解电网的负担，冷凝式燃气热水器的能效高于普通产品，以 LED 灯替代节能灯、白炽灯等。存量家电的机龄越长也意味着平均能效标准越低，单台能耗越高。

表2-4　家电领域的高效节能产品创新

家电产品	传统产品	新兴节能产品
空调	定频空调、三级能效	变频空调、一级能效
电冰箱	定频压缩机、三级能效	变频压缩机、一级能效
洗衣机	定频波轮、三级能效	变频滚筒、一级能效
热水器	电热水器、燃气热水器	平板太阳能热水器、冷凝式燃气热水器
照明	节能灯、白炽灯	LED 灯
电取暖器	小太阳取暖器	踢脚线取暖器

海尔卡奥斯是海尔智能家居的核心平台，致力于通过智能技术和可持续发展理念，为用户提供智能化、绿色环保的家居解决方案。海尔卡奥斯的智能能源管理系统，能够实现对家庭能源的全面监测和管理。用户可以通过智能手机等终端设备，实时了解家庭能源的使用情况，并通过智能调控功能优化能源利用。例如，系统可以根据家庭成员的习惯和实际需求，自动调节照明和温度，以降低能源消耗并提高能效。

这种绿色创新不仅帮助用户节约了能源费用，还减少了对环境的负面影响。海尔卡奥斯通过智能社区互动功能，促进用户之间的交流与合作，形成共享经济和可持续生活的理念。用户可以通过平台共享闲置的家电设备，减少资源浪费和碳排放。此外，平台还提供智能社区服务，如共享儿童托管、共享健身设施等，鼓励用户在社区中共同推动绿色消费和可持续发展。

2. 完善资源回收体系，变废为宝

居民日常生活中产生的废弃物是环境污染的重要来源，减少废弃物或提升废弃物的再生利用率是实现资源能源高效利用的重要方式。研究表明，根据材料的不同，每回收 1 吨垃圾可以减少多达 8.1 吨的碳排放量，[1] 即使对于塑料这一单一品类的分类回收也能显著提升垃圾回收效率，其所降低的单位碳排放量达 50%~100%。此外，旧家电等废弃生活用品中还包含有色金属、橡胶，以及铅、汞等有毒有害物质，若

---

[1] D A Turner, et al.. Greenhouse gas emission factors for recycling of source-segregated waste materials [J]. Resources, Conservation and Recycling, 2015 (105): 186-197.

处理不当会产生大量环境污染物质。

世界银行报告显示，全球生活垃圾回收利用率平均约为26%，其中高收入国家的平均水平为33%。当前，我国城市生活垃圾回收利用率约为15%。《生活垃圾分类制度实施方案》提出，到2020年底，实施生活垃圾强制分类的46个城市，生活垃圾回收利用率应达35%以上。2019年浙江省提出，到2020年基本建成覆盖城乡的再生资源回收网络，城乡生活垃圾回收利用率达45%。假设每人每年回收5千克纸、0.5千克塑料、1千克纺织品，金属较少暂不考虑，专门从事碳排放管理软件开发及提供碳咨询服务的科技公司碳阻迹估算数据显示，生活垃圾回收领域碳减排潜力约为每人每年 $5.875 kgCO_2e$。

随着电商和物流的发展，快递包装的使用也急剧增加，2022年我国快递业务量超1 100亿件，快递包装循环利用问题亟待解决。通过降低包装复杂度，使用绿色包裹，以及提升重复使用率、回收利用率等方式，可有效解决快递包装的碳排放问题（见表2-5）。例如，菜鸟通过开发智能切箱、装箱算法来减少包装用量，平均可降低15%的包装材料使用，其算法已向全行业开放，每年助力至少3亿个快递包裹实现

"瘦身"，相当于减少使用 8 000 万个纸箱；菜鸟还推出了快递箱回收及循环箱等功能，仅 2022 年"双 11"期间，菜鸟就回收超 740 万个纸箱，其循环箱的使用，预计每年可节省 16 万个纸箱；此外，在绿色物流方面，菜鸟还应用了智能合单引擎，将多个包裹合单发货，实现前置分拣和集装运输，有效降低了快递物流环节的碳排放。

表 2-5　快递包装减量回收再利用（"3R1D"）

"3R1D"	内涵
包装减量（Reduce）	在确保包装保护功能的前提下尽量减少包装材料的梯级和重量，节省资源消耗，如电商快件减少二次包装（到 2025 年要求 100% 不进行二次包装），通过智能包装算法提升包裹填充率等
重复使用（Reuse）	对包装材料进行最大限度的再利用，从而减少一次性材料使用，如循环快递箱和循环中转袋。根据国家邮政局统计数据，2019 年投入使用 200 万个循环快递箱，循环中转袋使用率达 75%，预计到 2025 年可循环快递包装应用规模达 1 000 万个
回收利用（Recycle）	废旧快递包装材料回收后进行再生产加工，从而变为新的快递包装材料，如瓦楞纸回收再造纸浆
可降解塑料（Degradable）	利用可降解塑料替代一次性塑料，目前比较提倡的可降解材料是以植物淀粉为原料的淀粉基塑料和聚乳酸

3. 支持发展共享经济

共享经济形态实质上反映出租赁的生活方式和共享的生活理念，它使生产力和消费需求得到更有效的匹配，也因此更加节省资源，为低碳经济做出了贡献。以共享充电宝为例，它减少了消费者购买充电宝的需求，也因此降低了生产过多充电宝所产生的碳排放。根据中国互联网络信息中心（CNNIC）数据，截至2020年上半年，我国共有手机网民9.32亿人，假设极端情况下人均保有一台充电宝，平均换购周期为3年，则每年充电宝需求量在3亿台左右。实际上2019年共享充电宝用户规模近2.5亿人，交易规模近80亿元，人均支出约32元，次均付费按1~1.5元计算，用户年均消费为20~30次。参考行业数据，假设市场上每台共享充电宝每天被借出0.8次，测算共享充电宝数量为2 000万~3 000万台，资源节约效益显著。

共享模式将原本分散化、个性化的需求集中起来，既避免了超额生产，又通过规模效应提高了生产效率，使碳减排效果得到双重放大。除了共享充电宝，共享出行、共享办公等众多其他共享经济形式也因切实提供了高效的生活方式而节省了不必要的生产环节，为碳减排做出了贡献。例如，会议室空间实行智能系统预订制度，鼓励远程会议等；办公用品选用可再生材料，同时尽量实现数字化。未来随着更多共享需求的开发、模式创新及技术进步，社会生活方式必将向更加低碳节能的方式演进。

某智能家居品牌开发了一款专注于环境友好和高效能的空气净化器，它的主要特点是通过租赁模式提供服务，而不是传统的销售模式。租赁模式具有多重优势，特别是对于一些临时或短期的需求，可以避免购买设备造成的闲置和浪费，减少废弃物产生。其租赁模式还包含维护和服务的内容，用户在租赁期间享受设备的正常使用，并得到必要的维护和保养支持，以确保设备的正常运行，从而提高用户的满意度。

除了租赁模式，闲置物品通过交易和再利用，同样也能有效避免新产品生产过程中造成的原料消耗与能源消耗。作为一种新兴的消费方式，越来越多的年轻人涌进二手交易平台，闲置交易市场得到了快速发展。《2021中国闲置二手交易碳减排报告》数据显示，2020年我国二手商品交易规模已经突破万亿元，预计到2050年将接近3万亿元。以国内最大的二手交易及转让平台闲鱼为例，截至2022年末，其注册用户已突破5亿人，商品量突破10亿件，2022年全年累计碳减排量超300万吨。2022年"双11"期间，超过700万闲鱼用户参与了手机估价和回收，减碳量相当于在地球上种下

350万棵树。[①]

(六)绿色出"游",健康文娱

随着居民精神文明的提升,旅游及文化娱乐需求日益增加。2023年以来,国内旅游业强劲反弹,上半年国内旅游总人数为23.84亿人次,较上年同期增加9.29亿人次,同比增长63.8%。旅游业碳排放产生环节相对复杂,根据2021年世界旅游及旅行理事会(WTTC)的数据,旅游业及其价值链上下游直接与间接碳排放占世界碳排放总量的8%~10%。游客在出行、住宿、饮食等环节中均会产生二氧化碳,相应的低碳转型路径有以下几种:一是做好旅游业的绿色升级改造,倡导低碳绿色旅游理念;二是创新旅游业态,开发绿色旅游、低碳运动会及低碳展区等产品和业态,并辅以碳补偿等方式实现碳中和。

1. 倡导低碳绿色旅游理念

对于旅游业而言,绿色出"游"意味着借助行业自身的

---

① 新华社客户端."双11"大促收官 这份成绩单有"看点"[EB/OL]. http://tech.china.com.cn/roll/20230422/395676.shtml,2022-11-12.

绿色转型，为旅行者创造一个低碳旅游的行为环境，与旅游相关的出行、住宿、饮食等各个环节均需倡导绿色发展理念。作为旅客，旅途只是日常生活的自然拓展，只需将日常生活中的低碳行为和思维融入旅途中，以减少旅途中的碳足迹。

在出行环节，旅行组织和出行平台已陆续推出绿色飞行航班，并构建公众价值激励引导机制，通过实施积分计划和折扣鼓励可持续行为；许多园区景点禁止私家车进入，要求旅客换乘景区内的专用车，通过电动大巴、电瓶车代替机动车，来保护景区的自然环境和生态体系；此外，也有景区提供徒步、骑行、露营等亲近自然的体验式旅游，如成都市于2021年底建成100千米一级绿道，串联起121个特色生态公园，成都市温江区建成全长65千米的北林绿道，倡导步行、骑行等绿色低碳出游方式，许多地方还举办了主题骑行活动，如北京市推出"游文化古都——骑行最美中轴线"活动。

在住宿环节，可持续酒店联盟的报告显示，酒店业需在2030年和2050年之前分别降低66%和90%的绝对碳排放量，才能确保行业的预期增长不会导致相应碳排放的增加。酒店的降碳方式主要有增加清洁能源使用，不提供或优化六类一次性日用品提供等。例如，万豪集团在中国市场已有92家酒店安装了太阳能设备，为酒店区域提供热水和电能的供应，其采取大号泵顶瓶替换单人份洗发水、护发素和沐浴露，每年可节省约170万磅[①]塑料；华住酒店集团LED节能灯具覆盖率达100%，空气源热泵在直营店的覆盖率达32%，并适度减少阀门开启幅度实现水资源的节约，2021年旗下海友酒店开始试点"绿色住"服务，顾客只需在预订时自主免除不需要的服务项目（如早餐代订、毛巾浴巾、续住清扫等），即可在房费基础上获得相应金额减免；全季酒店客用水的瓶身采用PET材质和无标签设计，且可被完全回收，据测算每年可助力减少碳排放约1 801.8吨；希尔顿酒店集团也在持续推进大包装洗护用品更换，并倡导使用电子房卡。

在饮食环节，景区餐饮企业可通过建立当地食品供应链，或者自己开设种植区域等，避免大量食品运输带来的碳排放，同时可将食物垃圾转化为动物饲料或生物燃料，达到就地回收利用的目的。游客则可选择自带水杯，更多地选择品尝用当地食材制作的地方性特色美食等，助力碳减排。

---

① 1磅约为0.45千克。——编者注

2. 发展绿色旅游，打造零碳生态

在充分考虑生态承载力、自然修复力的基础上，创新开发绿色旅游产品和线路，也是促进绿色旅游的重要组成部分，具体可从能源利用、景区低碳建设、零碳运营等方面入手。在能源利用方面，可提升可再生能源占比，加快路灯节能改造，提升新能源运营车辆比例，提高景区全电厨房普及率，如江苏省扬州市的瘦西湖，通过配备全电厨房餐厅，景区设置太阳能光伏伞、光伏路灯、光伏座椅、智能垃圾桶、光伏厕所等光伏储能设备，实现每年约3 000吨的碳减排。在景区低碳建设方面，可加强景区既有建筑节能化改造，增加可再生材料的使用，通过植树造林或草地种植提升碳汇能力等，如广州市越秀公园由越秀公园旧垃圾场和部分低效利用建筑改造而成，其中还设有碳中和科普展馆、现代农业示范区、垃圾分类及园林垃圾就地处置区、新能源光伏技术展示区等。在零碳运营方面，可加强绿色技术的利用，设置低碳宣传标识，提升垃圾分类及回收利用率等，如国内各大景区均推出了线上预约、无纸化门票等服务。

此外，越来越多的文旅活动被冠以零碳新标签，如零碳运动会、零碳展览等，围绕大型运动会、低碳科技馆等展开的活动也逐步成为新的旅游方式。例如，2023年，碳阻迹公司在北京南海子公园举办的春节运动会，通过"低碳十条"的打卡活动，践行了绿色低碳出行、不使用一次性餐具、随手关闭电源、无纸化办公等低碳行为；2022年，北京冬奥会成为首届碳中和冬季奥运会，其所有场馆均达到绿色建筑标准，通过全部场馆常规能源100%使用绿电、使用氢气作为火炬燃料、使用可降解餐具等举措实现最低碳排放。

第三章

促进绿色消费的政策思路

培育绿色消费环境离不开政策端的引导支持。目前，各国政府为促进绿色消费，积极采取了一系列多样化的政策措施，包括通过宣传教育、完善绿色产品标识等方式，帮助用户形成绿色生活意识，识别绿色产品，以及提供商品补贴，降低个人购买绿色产品时需要额外支付的成本等。此外，部分国家和地区还创新建立碳普惠机制及碳账户工具等，以更加市场化、更具趣味性的方式促进居民参与减排行动。

一、传统促进绿色消费的方式

推广绿色消费政策的关键在于，通过一系列方式将绿色消费理念传递给广大居民，引导居民改变原有的消费习惯，做出有利于环境的消费选择。传统促进个人绿色消费的方式有很多,根据作用机制的不同可分为以下四类。

一是教育与认知类,即一方面通过传播活动、教育活动等向消费者宣传绿色产品的益处和环保行为的重要性,使消费者理解绿色消费的价值,提高消费者的环保意识和认知水平,并鼓励绿色消费行为;另一方面从消费者的绿色消费行为中,分析消费者在购买和使用绿色产品或服务时所展现的认知、态度及影响因素,从而为促进绿色消费提供更深入的洞察和指导。

二是标准与信息类,即建立绿色产品的标准认证体系,确保产品符合绿色环保的宗旨,并通过标准和强制标签、自愿标签、企业报告等方式向消费者传递更多有关企业可持续发展理念和产品的信息,以透明的信息呈现帮助消费者进一步了解绿色产品,从而做出绿色消费决策。

三是经济与激励类,即着眼于税收和费用、补贴和激励等措施,利用经济手段激励消费者进行绿色消费。补贴和激励措施可以降低绿色产品的价格,使其更具吸引力;施加税收和费用等经济约束,可以引导消费者减少高碳排放选择,鼓励绿色消费。

四是组合与制度化类，即通过组合政策工具、绿色消费制度化等方式，形成综合运用各种措施的绿色消费政策体系，确保绿色消费成为一种受制度引导且可持续的行为。

工业革命以来，受全球气温上升影响，冰川融化导致海平面上升，海啸及飓风等自然灾害频发。全球气温上升速度的不对称性和极端性，使北极地区的气温升高速度达到其他地区的两倍甚至更高。挪威极地研究所的报告指出，在过去50年里，挪威斯瓦尔巴群岛的升温速度是全球平均水平的6倍，冰川融化造成其融水量创下世界纪录。面对冰川融化过快和永久冻土融化等危机，瑞典、挪威、芬兰等北欧国家以及日本等岛国最先感受到气候威胁，并在低碳转型问题上表现得尤为迫切，开展了一系列鼓励民众采取绿色行动、应对气候变暖的举措。与此同时，率先完成工业化的西方国家，在物质文明方面获得极大发展，人们追求精神文明与绿色消费的需求共同增加，为绿色消费政策的推广提供了良好的土壤。这些国家在加强国民环保教育，设立低碳节日、碳标签、能效标准、信息披露、绿色税收、环保积分等领域，探索出了诸多促进绿色消费的创新之路，为其他国家提供了宝贵经验。

我国在汲取国外经验的基础上，也在促进绿色消费方面开展了众多尝试。例如，在教育与认知方面，将绿色低碳理念纳入国民教育，开展各类公众宣传活动；在标准与信息方面，建立覆盖多领域低碳产品及服务的标识和认证体系，发布认定标准及绿色产品目录等，引导消费者进行绿色选择；在经济与激励方面，对新能源汽车实行购置补贴、税收减免等政策，探索绿色消费积分奖励等；在组合与制度化方面，发布促进绿色消费的政策文件，提出建立健全绿色消费政策体系等。尽管我国绿色消费实践仍处于起步阶段，但已初步形成系统性政策框架，未来随着制度、标准及产品体系的不断完善，我国绿色消费将得到进一步发展。

（一）教育与认知类

教育与认知类的促进方式主要包括传播活动、教育活动以及理解消费者行为等。其中，传播活动、教育活动可以提高个人对绿色消费理念的关注度与兴趣，提升个人对环保行为的认知水平；理解消费者行为可以帮助政策制定者更好地掌握影响个人绿色决策的因素。这些方式最终都有助于引导个人选择绿色低碳的生活方式。早在20世纪90年代末，有关绿色环保的教育与认知类活动就已经在全球各个国家和地区兴起，作为最早也最普遍的促进绿色行为的方式，教育与认知类活动已经衍生出丰富多样的形态，并积累了大量的成功经验。

1. 传播活动

传播活动是基于社会营销技术，以消费者为导向，借鉴商业营销和广告公司的概念和工具，利用电视、广播、互动网站等多种媒体形式向公众提供信息，以提高消费者的绿色消费意识的活动。成功的传播活动需要经过研究、规划、定位等过程，综合使用不同工具，并持续推行一段时间，直至取得一定成效。传播活动是各个国家和地区广泛采取的政策措施。

欧盟"减少垃圾周"（EWWR）活动是欧洲最大的废弃物减量宣传活动，由地方和地区公共机构主导，吸引市民、学校、企业、非政府组织和行业协会等参与。该活动旨在增加人们对废弃物减量、再利用和回收的认识，鼓励个人和组织通过减少废弃物产生、提高废弃物利用率、进行垃圾清理等行动降低对自然的影响。①

丹麦的骑行文化享誉世界，其于 2000 年发起的"绿色出行周"活动，通过创设"上下班自行车""火车站自行车""公司自行车"等不同主题活动，引导居民骑车出行。目前，哥本哈根近半数居民每天将自行车作为通勤工具，"我在哥本哈根骑车"（I Bike Copenhagen）已经成为重要的城市符号，遍布街头巷尾，并被植入 T 恤、环保袋等日常生活用品的设计当中。②与此同时，丹麦还积极输出骑行文化，丹麦王国驻华大使馆已联合中国自行车协会开展了多期"绿色骑行"活动，向中国民众宣传绿色出行和环境保护意识。

2008 年，丹麦非营利性组织联合丹麦政府、欧盟与联合国发起"停止浪费食物"（Stop Wasting Food）运动，鼓励人们减少食物浪费，改善饥饿人口的饮食和生活质量，实现联合国可持续发展目标，在食物浪费问题上取得了许多成果。目前这项运动正在全球范围内复制，许多国家已经开展了自己的"停止浪费食物"运动，为应对气候变化和减少二氧化

---

① European Week for Waste Reduction. The Project-Who we are［EB/OL］. https://ewwr.eu/project/#who-we-are，2023-08-07.
② 北京交通决策参考.培育绿色出行文化，助推绿色出行［EB/OL］. https://mp.weixin.qq.com/s/U7Auj-LKqNXjTZhzc55GFQ，2022-04-21.

碳排放起到了积极作用。①

2002年起,欧洲开始举办"欧洲交通周"活动,从最初的1 250个城市,发展到近些年的约3 000个城镇参与。活动期间,政府为市民提供免费或优惠乘车服务,在公交车上或公交站台提供免费早餐,鼓励成立步行者或自行车代步者的社团组织,推广"公交+自行车+步行"的出行方式。时至今日,"欧洲交通周"已衍生出无车日、自行车节、电动车展览和交通论坛等主题与形式多样的活动,进一步倡导步行、骑行及公交出行等绿色交通理念。②

2005年,日本推出"清凉商务"(Cool Biz)活动,倡议把空调温度设置为28℃,鼓励人们在夏季不穿西装外套,不戴领带,穿着休闲服装,如开领短袖和夏威夷衬衫,以减少空调使用。政府通过宣传和倡导,向公众传达了减少空调使用对降低二氧化碳排放的环境积极影响,并提出了在炎热天

---

① United Nations Department of Economic and Social Affairs. Stop Wasting Food movement[EB/OL］. https://sdgs.un.org/partnerships/stop-wasting-food-movement,2023-08-07.
② 东南网海外频道."欧洲交通周"引导绿色出行[EB/OL］. https://baijiahao.baidu.com/s?id=1747532646586681988&wfr=spider&for=pc,2022-10-24.

气下仍然保持舒适穿着的建议。①

2005年,英国推出以"明天的气候,今天的挑战"为广告语的政府宣传手册,运用最新的互动网站、专家博客和影片等多媒体技术,通过各种媒体渠道宣传个人在减少碳排放、节约能源和采用可再生能源方面的积极作用,激发公众参与应对气候变化的意识和行动,提升英国社会的气候变化意识,推动可持续发展进程。②

1999年起,加拿大环境和气候变化部开始举办"清洁空气日"(Clean Air Day)活动,旨在将气候变化问题与个人的生活方式尤其是交通方式相联系,③通过举办公众活动,发布宣传材料和展示清洁交通的实际案例,鼓励公众选择环保的交通方式,如步行、骑行或使用公共交通工具等。这一活动促使更多人意识到个人出行对空气质量和气候变化的影响,鼓励人们采取可持续的出行方式。

---

① The Japan Times. "Cool Biz" energy-saving campaign begins in Japan [EB/OL]. https://www.japantimes.co.jp/news/2020/05/01/business/cool-biz-energy-campaign/, 2020-05-01.
② 参见英国政府官网, https://media.nationalarchives.gov.uk/index.php/climate-change-tomorrows-climate-todays-challenge/。
③ 参见加拿大政府官网, https://www.canada.ca/en/environment-climate-change/campaigns/canadian-environment-week/clean-air-day.html。

1990年起，我国开展全国节能宣传周活动。2004年，活动时间由原来的每年11月改为6月，目的是在夏季用电高峰到来时，以强大的宣传声势增强人们的节能意识。2013年起，我国将全国节能宣传周后的第3天定为全国低碳日。2023年7月10日至16日，第33个全国节能宣传周将主题定为"节能降碳，你我同行"，7月12日的全国低碳日将主题定为"积极应对气候变化，推动绿色低碳发展"，活动走进重点行业企业、家庭和校园等不同场景，几乎涵盖了生产生活的各个领域，各省市也围绕宣传主题开展了形式多样的推广活动。例如，贵州省在启动仪式上为"绿色节能示范单位"授牌，江苏省邀请3家节能降碳优秀实践单位进行经验交流分享，并对南京市2023年"十佳低碳应用场景"进行了发布和授牌。①

传播活动通过提供信息，增强消费者的环保意识，引导他们采取绿色低碳的行为，推动了消费端碳减排的发展。传播活动的成功举办需要以深入研究和周密策划为前提，针对特定问题和目标群体，综合利用多种媒体与工具持续推行，

---

① 中国经济导报.逐绿三十三载，全国节能宣传周的"变与不变"[EB/OL]. http://www.ceh.com.cn/epaper/uniflows/html/2023/07/18/01/01_69.htm，2023–07–18.

并不断评估活动开展成果，进行活动设计的迭代升级。各国开展的传播活动为实现可持续发展，推动居民绿色消费提供了有益的借鉴。

2. 教育活动

作为促进绿色消费的强大工具，教育引导消费者评估个人行为对环境的影响，进而选择可持续的生活方式。目前，全球各个国家和地区在不同层次的教育实践中推广可持续发展和绿色消费的理念，为个人完善绿色环保知识体系、形成绿色消费理念、养成绿色行为习惯打下基础。

国际生态学校项目成立于1994年，是全球最大的可持续学校项目之一，活动逐渐从教室延伸到社区，鼓励年轻人积极保护环境。目前，生态学校活动已通过73个国家和地区的环境教育基金会组织及26个国家的国际学校开展。该项目将学习与实践相结合，涵盖学生、教师和社区，全程采用全包容、参与式的方式，激发学生积极解决环境问题的兴趣，改善学校和社区的环境。生态学校还培养学生形成可持续发展的思维方式，并将这种积极行为传播给家人、朋友，最终传承给未来世代。①

　　日本作为一个资源极为匮乏的国家，政府十分重视引导民众树立低碳理念，早在1990年就成立了日本环境教育学会。1991年，日本环境省设置"接触自然推进室"，并在各地配备体验自然设施及学习全球变暖、垃圾回收利用等相关知识的环境教育设施。日本学校也在教育中融合环保内容，鼓励学生参与轮流照顾小动物、培育植物、清洁公园等活动。

　　欧盟在一项名为"儿童对能源消费的说服力"的项目中，通过教育的方式，培养儿童成为节省能源消耗的倡导者，激励不发达地区的居民采取措施减少能源消耗，培养可持续生活方式，推动社区可持续发展。项目与学校合作，让学生创办有关合理利用能源以及使用可再生能源的互动展览，并在当地"能源周"活动中展出，通过学生作品吸引媒体的关注。同时，学生还可以利用互动网站，对他们的学校或家庭进行简单的能源审计，计算出相应的能源节约数值，与其他学校或家庭进行对比，增强他们对节约能源的理解。②

---

① Eco-Schools. Engaging the youth of today to protect the planet of tomorrow! [EB/OL]. https://www.ecoschools.global/, 2023-08-07.
② 参见欧盟官网，https://cordis.europa.eu/project/id/4.1030-C-01-136/fr。

在引导民众绿色出行方面，丹麦哥本哈根设立"自行车大使"，每年进入社区为居民示范安全骑车，针对自行车使用特点和需求，设计专门培训活动。美国纽约针对公共出行领域，开设了许多培训课程，并将其融合到"骑车上班日""步行周末""我们在此行走"等公益活动中。2014年，新加坡地铁有限公司与学校、社区联合推出了"领养一座车站"的志愿者活动，以学生为主体，通过"领养"车站并成为"车站大使"，鼓励市民搭乘公共交通工具出行。①

2022年，我国教育部印发《绿色低碳发展国民教育体系建设实施方案》，旨在把绿色低碳发展理念全面融入国民教育体系的各个领域和层次，培养青少年形成绿色低碳理念。该方案提出，到2025年，绿色低碳生活理念与绿色低碳发展规范在大中小学普及传播，绿色低碳理念进入大中小学教育体系。根据国务院发布的《新时代的中国绿色发展》白皮书，我国在绿色发展国民教育方面已经采取的具体行动包括编写生态环境保护读本，在中小学校开展森林、草原、河湖、土地、水、粮食等资源的基本国情教育，倡导尊重与爱护自然

---

① 北京交通决策参考. 培育绿色出行文化，助推绿色出行[EB/OL]. https://mp.weixin.qq.com/s/U7Auj-LKqNXjTZhzc55GFQ，2022-04-21.

的绿色价值观念等。除此之外，各地也开展了各具特色的地方教育活动。例如，上海面向市民推出绿色活动、绿色消费和绿色研学三大绿色低碳礼包，其中，绿色研学礼包包括绿色护照、沙龙研讨、夏令营、工厂开放日等活动；北京开展绿色发展及碳达峰、碳中和大宣讲进农村活动，重点向农村居民推广节能家电，开展生态产品价值提升研究宣讲等。①

各国的实践案例展示了在教育领域推动绿色消费的多种途径和成功经验。教育作为为个人提供适当技能和能力的最有力工具之一，可以培养消费者形成可持续发展的理念，通过教育的不断传承及迭代升级，环保观念与绿色习惯将深深扎根于人们的日常生活之中。

3. 理解消费者行为

消费者的行为和态度往往受多种因素的影响，对消费者行为的深入了解，可以为促进绿色消费提供洞察和指导。理解消费者行为是指，研究和理解消费者在购买和使用产品或

---

① 中国经济导报.逐绿三十三载，全国节能宣传周的"变与不变"[EB/OL]. http://www.ceh.com.cn/epaper/uniflows/html/2023/07/18/01/01_69.htm，2023–07–18.

服务时所展现的行为和态度。影响消费者绿色产品购买决策和消费习惯的因素多种多样，具体可归结为以下八个方面。[①]

一是社会规范与自然环境取向，即消费者受社会对环境问题态度和观念的影响。社会规范描述了社会对环境问题的看法，以及人们在环境问题上的行为，社会对环境问题的态度和普遍观念也会影响消费者的购买决策。也就是说，如果社会普遍认可绿色环保产品，消费者就更有可能选择购买这类产品，因为这样符合社会认可的价值观。

二是提供产品与服务的公司的绿色形象，即消费者对公司环保措施和产品绿色性的整体印象。如果公司成功塑造了良好的绿色形象，如在其产品包装上使用环保标签或注明资源节约和碳减排情况，消费者可能更有信心且更倾向于购买这些绿色产品。

三是绿色产品特征，即绿色产品的价格、质量、可用性和包装等。消费者的购买决策受绿色产品特征的重要影响，绿色产品的价格、质量、可用性和包装等特征会影响消费者

[①] A Barbu, Ş A Catană, D C Deselnicu, et al.. Factors influencing consumer behavior toward green products：A systematic literature review［J］. International Journal of Environmental Research and Public Health，2022.

的购买意愿。当绿色产品价格合理、质量可靠、易于购买时，消费者更有可能选择购买。

四是感知风险和不便之处。消费者对购买绿色产品可能存在感知风险，如担心产品质量、使用效果等，或者认为购买绿色产品存在不便之处，如产品价格较高、难以寻找购买渠道等，这些因素都可能影响消费者的购买决策。如果消费者对绿色产品的质量和效果不放心，就更有可能选择传统产品。

五是感知好处，即消费者对绿色产品购买的预期好处。购买绿色产品可能会带来心理上的满足感、生活质量的改善、社会形象的提升等好处，当消费者感受到购买绿色产品使他们为环保做出了贡献，并提升了个人形象时，他们更有可能购买绿色产品。

六是机构信任，即消费者对机构（政府或公司）的信任程度。如果消费者对政府或公司在环保方面的承诺和实际行动有信心，他们就更有可能购买绿色产品。对于政府制定的环保政策，只有当消费者认为这些政策有效时，他们才更愿意购买绿色产品。

七是消费者的社会人口特征，如年龄、性别、受教育水平、收入等。斯特恩等（1993）[1]和亨特等（2004）[2]的研究表明，女性更有可能参与绿色行为，文化和社会结构因素等使她们更了解环境危害的因果关系，更倾向于采取绿色消费行为。受过高等教育的人因为更容易理解绿色产品的好处，也更有可能购买绿色产品。

八是消费者信心，即消费者对购买绿色产品的自信程度。当消费者相信自己能够获取和理解绿色产品的信息，并根据这些信息做出明智的购买决策时，他们更有可能购买绿色产品。

许多国家和地区通过研究与理解消费者行为促进绿色消费的发展。例如，英国政府各部门设立了行为变革论坛，旨在通过了解人类行为促进更好的政策制定，其中包括对"激励可持续消费"的证据进行审查。在索伦特海峡能源效应价值试验中，英国政府针对当地4 000户家庭的用电活动开展了行为干预测试，结果发现，在高峰时段设置大幅上涨的电价

---

[1] Stern P C, Dietz T, Kalof L. Value orientations, gender, and environmental concern [J]. Environment and Behavior, 1993（5）: 322–348.

[2] Hunter L M, Hatch A, Johnson A. Cross-national gender variation in environmental behaviors [J]. Social Science Quarterly, 2004（3）: 677–694.

能够引导居民节约用电。[1]澳大利亚南珀斯推行了绿色出行个人化营销策略，该策略最先与参与者建立对话关系，判断对象是否为环境友好型出行模式的使用者，然后为其提供出行信息和建议。这种营销策略使当地小汽车出行量降低了10%，公交出行、步行和骑行量则分别提高了21%、16%和91%，体现出理解消费者在推动绿色出行方面的巨大功效。[2]

在我国，很多学术机构也开展了有关绿色消费行为的研究。例如，中华环保联合会与搜狐绿色联合开展"绿色消费意识有奖问卷调查"，围绕人们对绿色消费概念的理解、关注的绿色消费领域、绿色消费的目的、未参与绿色消费的原因、对环保产品性能的期望、提高绿色消费意识的方法等问题开展调查。随着国内个人碳账户的发展，部分机构开始基于平台开展田野实验[3]，利用大数据技术开展绿色行为研究，并将研究结果应用到平台运营的优化当中，提高用户绿

---

[1] 英国行为变革论坛. Save: Large-Scale Energy Efficiency Trial [EB/OL]. https://behaviourchange.org.uk/case-studies/save-energy-efficiency-trial，2023-08-07.
[2] 济南市城市交通研究中心. 国外城市鼓励绿色出行的活动和措施经验分享 [EB/OL]. https://www.sohu.com/a/418929896_99949100，2020-09-17.
[3] 本书同样采用田野实验的研究方法，在商业银行个人碳账户的场景下验证绿色助推的现实应用效果及其作用机制。第四章和第五章将围绕这一主题进行具体介绍。

色消费的效果。何国俊等（2023）[①]与阿里巴巴展开合作，在饿了么外卖平台尝试以绿色助推手段影响消费者行为，经过大规模田野实验发现，在用户界面中将"无需餐具"设置为默认选项，可以有效减少对一次性餐具的使用。该研究通过估算和分析，得出了绿色助推手段在全国范围内能够产生的环保效果：只是改变产品设计中的微小细节，每年就可以节省超过217.5亿套一次性餐具，相当于防止产生326万吨塑料废弃物并节省544万棵树木。该研究还发现，用户的基本属性也会影响绿色助推的效果，对于女性、年长者、经常使用在线食品配送服务的人和富裕人群，绿色助推的效果更加明显。

影响个人绿色消费的因素是复杂多样的，不同个体可能会受不同因素的驱动，同时由于个体之间的差异，不同背景与生活环境下的人对绿色消费的态度和行为也会有所不同。因此，理解、分析并梳理这些因素可以帮助政府、组织和企业针对不同群体更好地制定推广策略和措施。

[①] He G J, Pan Y H, Albert P, et al.. Reducing single-use cutlery with green nudges：Evidence from China's food-delivery industry［J］. Science，2023（9）.

（二）标准与信息类

标准与信息类的促进方式主要包括标准和强制标签、自愿标签与企业报告等。其中，标准和强制标签是通过自上而下的政策约束，对企业提出有关产品绿色信息的披露要求，从而使消费者更容易辨识和选择环保产品；自愿标签则是从企业与行业自身角度出发，希望通过产品标签的信息，更多地向用户展示产品的绿色特征，为企业赢得更多支持环保与可持续发展的用户；企业报告既是企业履行环境信息披露义务的重要呈现方式，又系统性地展示了企业在环保方面的努力，有助于用户更深入地了解企业的环保文化，进而做出选择。在具体实践中，有关绿色产品标准、标签及企业环保举措的信息，一方面帮助用户更容易分辨绿色产品，增强消费者对产品环境影响的了解；另一方面也在潜移默化中向公众传递着可持续发展的理念。

1. 标准和强制标签

标准和强制标签是政府采用的一种促进绿色消费的重要政策工具。标准是指针对特定产品或服务所制定的规范，旨在确保其符合环境、社会和经济可持续性的要求。强制标签是指政府要求生产商在产品上贴上特定标签，内容通常包括产品能源使用效率、环保性能、食品营养成分等。通过标准和强制标签，消费者能够更好地了解产品的环境、社会和经济影响，从而促进更加环保且高质量的消费行为，淘汰不符合可持续发展原则的落后产品。

澳大利亚能源效能标签已经运用长达30年，该标签专注于评估产品的能源效率，具体可分为星级评定和能源消耗标签。其中，星级评定通常为1~6级，星级评定级数越高，意味着相对于相似尺寸和功能的其他产品，该产品的能效越高，也意味着产品使用的能源越少，从而帮助人们节省更多的能源消费。随着技术的进步，目前市场上也出现了更高星级的超级高效型号，其星级甚至可以达到10级。能源消耗标签是指明确该电器使用的耗电量，以千瓦时为单位，这些数值须根据标准化的规则进行测量，以符合澳大利亚的官方要求。[1] 星级评定和能源消耗标签通过透明、易懂的标签体系，帮助消费者做出有助于节能环保的购买决策，从而减少能源

---

① 参见澳大利亚政府网，https://www.energyrating.gov.au/consumer-information/understand-energy-rating-label。

浪费和碳排放。

墨西哥同样实施了一系列标准和标签要求，旨在提高家用电器的能源效率和环保性能。政府制定了30项最低能效性能标准，其中24项用于调节家电设备的能源消耗，包括电冰箱、空调、洗衣机、热水器、烹饪炉灶、家用水泵、灯具等，要求生产商在产品设计和制造过程中考虑节能和环保因素。同时，墨西哥还对电冰箱、空调等13种产品实施强制性能源标签，显示产品的能源效率以及不同产品的能源效率对比，以帮助消费者获得关于产品能源消耗、环保指标等方面的重要信息。[1]

我国是全球最大的家用电器、电机等终端用能产品生产国和消费国之一，2004年即出台了《能源效率标识管理办法》，自2005年3月起正式施行。2016年，为进一步推动节能技术进步，提高用能产品能源效率，推广高效节能产品，国家发展改革委和国家质量监督检验检疫总局（后更名为国家市场监督管理总局）修订了《能源效率标识管理办法》。同年6月，国家发展改革委发布了《中华人民共和国实行能源效率

---

[1] 参见亚太经合组织能源工作组于2017年11月发布的《墨西哥能源效率的同行评审》报告。

标识的产品目录（2016年版）》，其覆盖35种用能产品，包括家用电冰箱、投影仪、洗衣机、储水式电热水器、计算机显示器等，初步建立了我国能源效率标识的产品目录。截至2022年10月，我国先后发布了15批次实行能源效率标识的产品目录，覆盖家电、商用、办公电子、照明等41类产品，约230万个产品型号。[①]能效标识制度是推动落实强制性能效国家标准的重要手段，是消费者选购高效节能产品最直接、最重要的依据，有利于促进消费提质升级，引导绿色消费。

标签还可用于向消费者提供关于回收义务的信息，鼓励消费者更积极地参与产品和包装废弃物的回收。例如，德国和其他一些欧洲国家使用的"绿点标志"，通常位于产品包装的底部或背面，明确标明产品的材料类型、是否有可回收部分、是否可回收以及是否符合承认的回收计划等信息，使消费者能够辨识具有回收价值的产品。

2. 自愿标签

自愿标签通过提供可靠的信息和认证来影响消费者的购

---

① 参见央广网，https://baijiahao.baidu.com/s?id=1747555515785971784&wfr=spider&for=pc。

买决策，从而促进绿色消费行为。自愿标签的表现形式既可以是多标准标签，如比较同类产品在全生命周期内的多种环境影响；也可以是单一问题标签，即仅针对产品的某一特定环境或社会特征进行标注，如有机棉、无伤害海豚的金枪鱼及可持续林业等。研究认为，当标签将与可持续发展相关的复杂信息以简单、透明的方式呈现时，可以更好地促进消费者做出绿色消费选择。目前，各个国家和地区都在推行不同类型的自愿标签计划，并取得了一定的成功。随着公众对可持续发展的关注增加，自愿标签的应用范围也在不断扩大。但是，在标签推广的过程中，也存在着消费者对标签的认知水平较低、不同产品之间的标准不统一、不同标签方案之间存在市场竞争等问题。

英国于2007年开始推出碳标签制度，随后，美国、日本、法国、瑞典等国家也推出了各自的碳标签制度。英国碳标签由私有机构碳信托公司发起，截至2022年底，已有包括英国天然气公司、英国糖业公司在内的54家大型公司通过碳信托公司认证了产品碳足迹标签。[①] 美国碳标签则由碳基金、

---

① 参见碳信托公司官网，https://www.carbontrust.com/what-we-do/assurance-and-certification/product-carbon-footprint-label/footprint-label-certified。

加州碳标签公司等组织发起。少数国家的政府部门也发起碳标签，如日本经济产业省、农林水产省成立专门机构，制定碳标签方案，产品只有在核算碳足迹并加贴碳标签后才可进入市场。目前，全球超27 000个产品含有碳标签，1 000多家企业将低碳作为其供应链的必需。[1]德国的蓝天使和美国的雨林联盟认证是最为知名和成功的环境或生态标签。德国的蓝天使是一项由政府推出的环保标志，已有40余年历史。该标志被用于标识环保产品和服务，涵盖了广泛的非食品领域。目前，已有超过1 600家企业的20 000多种产品和服务获得了蓝天使的认证。[2]美国的雨林联盟是1987年注册的非营利组织，通过自愿标签认证的方式影响消费者的选择，在可持续林业和农业领域推动绿色消费。雨林联盟的可持续农业认证涵盖了多种农产品，包括香蕉、可可、咖啡、水果蔬菜、草药和香料、坚果、茶叶等。截至2021年底，雨林联盟可持续标准认证农场已有400万农民和工人，覆盖600万公顷农场。截至2022年底，雨林联盟可持续项目或认证农场已覆盖

---

[1] 中央财经大学绿色金融国际研究院.IIGF观点|碳标签促进绿色低碳发展浅析[EB/OL].http://iigf.cufe.edu.cn/info/1012/6118.htm，2022-12-12.

[2] 参见蓝天使官网，https://www.blauer-engel.de/de/blauer-engel/unser-zeichen-fuer-die-umwelt.

58个国家，其产品销售范围覆盖至190个国家和地区。雨林联盟项目致力于保护森林，改善农民生计，提升工人的权益和福祉，并帮助他们减轻或适应气候危机带来的影响。[①]此外，雨林联盟还开展可持续旅游认证，与酒店、旅行社等合作，促进旅游业的环境、社会和经济可持续发展。[②]

我国在低碳标签领域也开展了一些尝试，2009年发布了全球首个产品碳足迹方法标准PAS 2050中文版，同年生态环境部宣布实施产品碳足迹计划，对符合的产品加贴低碳标签。2018年制定和发布了《中国电器电子产品碳足迹评价通则》《中国电器电子产品碳标签评价规范》，提出"引导绿色消费"的目标，确定电器电子行业"碳足迹标签"试点计划。2019年4月，中国碳标签正式在部分产品上使用，主要包括LCD（液晶显示屏）、手机等电器电子产品；2021年下半年，进一步拓展至纺织服装、日用消费品及电器制造等行业。作为国家首批低碳试点省的广东，自2013年开始开展国家低碳

---

① Rainforest Alliance. Our Impacts［EB/OL］. https://www.rainforest-alliance.org/impact/，2023-07-20.
② Rainforest Alliance. Reducing Tourism's Threats to Biodiversity［EB/OL］. https://www.rainforest-alliance.org/resource-item/reducing-tourism-threats-to-biodiversity-impact-study/，2014-10-10.

产品认证试点，持续开展碳标签机制研究，于2022年全国低碳日发布国内首个省级碳标签，首批认证企业覆盖石化化工、家电、电子、金属制品、汽车等行业，如TCL、深圳创维等10家企业获得广东碳标签证书。除了在商品上使用碳标签，针对酒店、饭店和航班等服务行业，我国也在积极探索绿色认证体系。在饭店领域，推出了国家标准《绿色饭店》、旅游业行业标准《绿色旅游饭店》及商业行业标准《绿色饭店等级评定规定》。根据中国饭店协会和责任云联合编制的《2022中国饭店业社会责任报告》，我国已创建绿色饭店1 500余家。

3. 企业报告

企业报告是企业向公众披露信息的方式，也是使消费者了解公司产品及生产过程中对环境与社会造成影响的主要途径之一。在政策的推动下，企业发布的报告逐渐从简单的环境报告和社会责任报告，发展为现在的可持续发展报告，并逐渐覆盖公司治理、环境表现、社会责任等多方面。企业定期出具可持续发展报告，既是向公众宣传其环境表现及承担社会责任的要求，也是向社会公开其生产过程对环境造成影响的义务，消费者可以通过企业报告了解企业在减少环境污染、加强公司治理等方面的成就，以及企业履行社会责任情况。目前，企业报告已经在全球各个地区及行业得到广泛的应用。

2006年，巴西国家电力监管机构实施了强制性年度社会环境责任报告制度，要求电力公司披露其可持续发展表现。2009年，丹麦财务报告法针对上市公司和大型公司明确了须披露"不遵守就解释"可持续发展报告要求的内容。2010年，美国证券交易委员会发布《关于气候变化相关问题的披露指导意见》，要求上市公司披露ESG（环境、社会和公司治理）信息。2013年，智利建立社会责任可持续发展理事会，制定企业环境信息披露相关政策。① 2014年，欧盟修订《非财务报告指令》，要求超过500人的大型企业必须披露ESG信息，2021年4月将这一要求扩大至所有大型企业和上市公司。②

随着全球对可持续发展议题的重视程度日益提升，监管部门对上市公司的信息披露要求也进入政策制定的加速期。

---

① 参见联合国环境规划署官网，https://www.unep.org/resources/report/evaluating-national-policies-corporate-sustainability-reporting。
② 智通财经.西部宏观：从境外经验看ESG信息披露的发展趋势及影响［EB/OL］.https://www.zhitongcaijing.com/content/detail/658186.html，2022-02-14。

2022年11月,欧盟委员会批准《企业可持续发展报告指令》,强制要求欧盟本土企业及在欧盟经营的跨国公司总部、子公司、分支机构等披露可持续发展信息。2023年6月,国际可持续发展准则理事会首次发布两份正式文件《国际财务报告可持续披露准则第1号——可持续性相关财务信息披露一般要求》及《国际财务报告可持续披露准则第2号——气候相关披露》,开启了全球资本市场可持续发展相关信息披露的新时期,新的披露准则于2024年生效。

我国证监会和证券交易所同样对上市公司提出ESG信息披露要求。2021年,中国证监会修订发布《公开发行证券的公司信息披露内容与格式准则第2号——年度报告的内容与格式》,对我国上市公司治理和污物排放信息提出强制披露要求。根据南方财经全媒体集团21世纪资本研究院发布的《A股上市公司ESG表现暨21世纪"活力·ESG"实践案例集锦报告(2023)》,2023年A股市场已有1 771家上市企业独立披露了ESG报告或社会责任报告,在全体A股上市公司中占比约33.8%;超过2 500家公司在2022年的年报中披露了为减少碳排放所采取的措施及效果,在全体A股上市公司中占比首次超过50%。[①]中国香港早在2012年就发布了初版《ESG报告指引》，对上市公司提出"自愿性披露"ESG信息的建议，2016年，港交所将部分ESG信息上升至半强制层面，实施"不披露就解释"规则，2019年12月发布新版《ESG报告指引》，进一步将ESG信息披露要求升级为"强制披露"；2023年，港交所《2022年上市委会报告》提出，将推动ESG披露标准逐步与国际标准接轨。

除了针对上市公司和大型企业的环境社会责任披露要求，金融行业作为促进绿色经济发展的重要环节，还面临行业内专项的绿色金融业务信息披露要求。根据监管规定，我国国有银行和大中商业银行须在年报、可持续发展报告或社会责任报告中披露其绿色信贷的总体发展战略、目标、规划及案例等，此外，部分银行还须披露其绿色信贷所实现的环境社会效益。与绿色信贷相比，与绿色债券相关的环境信息披露要求更加明确，金融机构需要按照季度披露募集资金的使用情况，并在年报中披露投放项目实现的环境效益，包括节约的标煤量、减少的温室气体排放量、减少的化学需氧量等。

---

① 经济日报.上市公司可持续发展披露准则制定提速［EB/OL］. https://baijiahao.baidu.com/s?id=1766636462987823498&wfr=spider&for=pc，2023-05-23.

(三)经济与激励类

经济与激励类的促进方式主要包括税收和费用、补贴和激励两大类措施。其中,税收和费用倾向于使用惩罚性措施,使个人意识到自身行为可能对环境造成负面影响,以及需要为这些负面影响付出代价;补贴和激励则更倾向于使用奖励性措施,通过抹平绿色产品与一般产品的价格差异,提高获得绿色产品的便捷性或者为绿色行为提供具有象征意义的奖赏等方式,激励消费者减少资源消耗并选择环保行为。经济与激励类的方式,将人们对环境的外部性影响,内化为消费者实实在在可以感受到的成本、优惠、便利等,相较于其他促进绿色行为的政策措施,具有更加明显的影响效果。同时,这些便利与优惠需要一定的财政经费作为支撑。

1. 税收和费用

税收和费用是环境政策中常见的经济工具,其作用是给予价格信号,通过直接的经济方式来影响个人行为。与法规相比,税收和费用更易于执行,无须开展大量的监测工作,具有应用范围广、相对灵活等优势,且可获得更高的成本效益。目前，税收和费用工具已被广泛应用于限制汽车排放、降低家庭能源消耗和废弃物处置等领域，环境税收入还为税收转移支付政策的落实（对某些限制性行业征税，然后转移支付给鼓励支持的行业）奠定了基础。各国在税收和费用方面的实践经验表明，适当设置税费水平，结合补偿机制和其他税收领域的抵销，对于促进绿色消费行为具有较为显著的效果。

在限制汽车排放方面，各国政府主要采取增加小汽车购买和使用环节成本等措施。例如，自1999年起，新加坡每年制定年度小汽车配额，以公开竞标的方式拍卖拥车证，一辆2升以上排放量的小汽车拥车证的投标价格可达10万新元，且有效期仅为10年。该项政策的推出，使新加坡小汽车保有量的年增长率从6%降到了3%。我国大型城市为有效限制车辆增长，也引入了车牌竞拍或摇号制度。丹麦则针对购车环节征收消费税、牌照税费用、注册税等，其消费税税率达25%，牌照税费用为1 180~6 200丹麦克朗，注册税税率则高达汽车价格的105%~180%，其税款随着车重和发动机排量的增长而增加。日本则采取了严格限制停车位的措施，政府和企业一般不提供停车位，市中心收取高额停车费，费用高达

150~300日元/15分钟,固定泊车位月租金则高达2万~4万日元。[①]此外,许多国家针对高排放车辆,征收相对较高的消费税或燃油税,如我国针对排气量在4升以上的乘用车征收40%的消费税,而排气量在1升以下的仅征收1%。

征收车辆拥堵费是另外一种引导公民绿色出行的有效方法。新加坡早在1975年就将中心商业区近725公顷的区域划作交通控制区,对进入的车辆每天收费3新元,该政策促使交通控制区内车流量降低了20%。英国伦敦、瑞典斯德哥尔摩分别于2003年和2007年开始征收车辆拥堵费,对于新能源汽车则实施免收优惠政策。[②]美国纽约计划从2024年开始,在曼哈顿下城区开征车辆拥堵费,根据其初步规划,每辆汽车缴纳9~23美元的费用,可减少17%进入该区域的车辆。[③]

在降低家庭能源消耗方面,20世纪90年代,欧洲一些国家开始尝试征收碳税以反映能源的真实成本。其中,芬兰

[①] 济南城市交通研究中心.国外城市鼓励绿色出行的活动和措施[EB/OL]. https://www.sohu.com/a/420623666_690078,2020-09-24.
[②] 华律网.法定的拥堵费要多少钱[EB/OL]. https://www.66law.cn/laws/198244.aspx,2023-06-03.
[③] 吉林日报.纽约市中心将对车辆征收拥堵费[EB/OL]. https://baijiahao.baidu.com/s?id=1769966047204289184&wfr=spider&for=pc,2023-06-29.

最早于1990年开始征收碳税，随后挪威、瑞典、丹麦等北欧国家也陆续跟进。2008年以来，进一步扩展到瑞士等欧洲国家。近年来，亚非国家也相继实施碳税。2019年，新加坡和南非分别是首个开征碳税的亚洲和非洲国家。除针对生产端征税外，部分国家也针对消费端征税，且家庭部门往往比工业部门承担更大的税负，以此唤起消费者的节能减排意识。部分碳税收入可用于补贴居民天然气、电力使用，以促进清洁能源的使用。[①] 除征收碳税外，有些国家针对居民水、电、天然气推出阶梯或分时收费体系，即家庭每月使用的资源在超过一定限额后，将额外收取一部分费用，或者在一天中的使用高峰期收取较高的费用。以广东省深圳市为例，2023年5—10月（执行夏季标准）基准电价为0.68元/千瓦时，当家庭用电量超出260千瓦时/月和600千瓦时/月后，将分别加收0.05元/千瓦时和0.3元/千瓦时。

在废弃物处置方面，德国、挪威、澳大利亚新南威尔士州及西澳等国家和地区实行了饮料容器押金退还计划。以德国为例，其对饮料瓶收取押金已超20年，2024年后，德国

---

① 鲁书伶，白彦锋.碳税国际实践及其对我国2030年前实现"碳达峰"目标的启示［J］.国际税收，2021（12）：21-28.

超市所有饮料的塑料包装瓶都将收取押金。消费者在购买预包装饮料时须支付一定金额的押金，随后可通过反向自动售货机等设备退回包装，取回押金。该计划的实行，大幅提高了饮料瓶罐的回收利用率，德国的回收利用率高达98%。另外，部分国家和地区针对塑料袋收取一定费用。例如，英国自2015年起对每个塑料袋收取至少5便士，爱尔兰则对每个塑料袋征收0.15欧元的税款，中国内地于2008年起实行塑料袋有偿使用制度，中国香港则在2022年底进一步优化这一制度，对每个塑料袋的收费由最低5角（港元）提高至最低1元（港元），同时取消对冷冻食品塑料袋的豁免。[1]

2. 补贴和激励

补贴和激励措施是指，通过给予消费者一定的奖励或经济支持，缩小绿色产品与一般产品之间的价格差距，从而影响消费者的行为决策，鼓励他们选择更可持续的产品和服务。激励形式包括补贴金、物品捐赠或税收减免等。

---

[1] 香港特别行政区政府环境保护署. 塑胶购物袋收费计划 [EB/OL]. https://www.epd.gov.hk/epd/tc_chi/environmentinhk/waste/pro_responsibility/env_levy.html, 2023-07-21.

在实际应用中，补贴和激励发挥作用需要具备一定的条件。首先，补贴和激励应该能够消除更可持续产品的价格劣势，使其在市场上具备竞争力；其次，税收减免等财政激励应当具备明确的操作程序，不应过于复杂，以便消费者能够便利地享受到相关优惠；最后，补贴和激励的效果与其实施时间和持续性有关，过长的回报周期可能会降低其效果。因此，为了取得更好的实施效果，补贴和激励措施应当能够消除价格差距，具备简便的申请程序并有持续的实施措施，各国在补贴和激励方面的案例也显示出这一工具在实践中的多样性和灵活性。

在个人交通领域，各国针对新能源汽车出台了较多的补贴、税收优惠政策。以我国为例，2009年推出了新能源汽车补贴政策，含购车补贴和免征车辆购置税两方面。其中，购车补贴随着国内新能源汽车产业的发展而逐年调整，除国家补贴外，各地政府也推出了地方补贴。在产业具备经济性后，该项购车现金补贴于2022年底正式退出。在车辆购置税方面，自2014年起我国对购置新能源汽车免征车辆购置税。根据财政部统计，截至2022年底，我国车辆购置税免征金额超2 000亿元。2023年6月，我国发布《关于延续和优化新能源汽车车辆购置税减免政策的公告》，将新能源汽车购置税减免政策进一步延长至2027年，对购置日期在2024年1月1日至2025年12月31日的新能源汽车免征车辆购置税，每辆新能源乘用车免税额不超过3万元；对购置日期在2026年1月1日至2027年12月31日的新能源汽车减半征收车辆购置税，每辆新能源乘用车减税额不超过1.5万元。在多重补贴政策刺激下，我国新能源汽车产业快速崛起，电动汽车产销量已占据全球"半壁江山"。据工业和信息化部数据，新能源汽车年销量从2020年的136.7万辆增长到2022年的688.7万辆，两年增长了4倍。中国汽车工业协会的数据显示，2023年上半年，新能源汽车产销分别完成378.8万辆和374.7万辆，同比分别增长42.4%和44.1%，市场占有率达28.3%，新能源汽车继续保持良好发展势头。

此外，为公众提供绿色出行的便利性，也不失为一种有效的促进方法。例如，欧盟推出的"容克计划"，力争2025年前新增100万个新能源汽车充电站。丹麦上线了手机App "I Bike CPH"，可为骑行者提供天气预报、路程规划、卡路里测算和各种物质或非物质奖励，提升骑行的乐趣和忠诚度。西班牙巴塞罗那在新冠疫情防控期间推出高达440万欧元的基础设施投资，改善城市道路与公共交通基础设施，创造步行、骑行与公交出行友好的环境。2007年法国推出"免费自行车"计划，在巴黎和周边部分市镇设立了1 400个自行车站，涵盖近2万辆自行车，其中包含40%的电动自行车，截至2020年，该计划已有40万用户，2020年9月11日的单日骑乘量为21.5万个车程。① 此外，巴黎还大力投资建设非机动车道，并划定了大量30千米/时的限速区、20千米/时的"聚会区"和步行区。②

在家庭能源效率方面，加拿大、日本等提供了针对新建及改建住宅使用节能环保材料的政策，旨在鼓励家庭采取节能措施，提高能源利用效率。例如，2007年4月至2011年3月，加拿大推出生态能源翻新计划，旨在鼓励房主改善住宅能源效率。该计划规定，在项目实施的前10年，每减少1千瓦时将获得1加分的奖励，最高可获得5 000加元的补贴。截至2011年3月，已有104个项目符合该计划的出资条件，涵

---

① 参见Vélib' Métropole官网，https://www.velib-metropole.fr/en/service。
② 济南城市交通研究中心. 国外城市鼓励绿色出行的活动和措施［EB/OL］. https://www.sohu.com/a/420623666_690078，2020-09-24.

盖出资14亿美元，在14年内将产生约4 500兆瓦功率容量。[①]
2009年，日本推出住宅环保积分制度，针对满足绿色建筑要求的家庭，每户最多可补助30万积分，针对安装太阳能集热系统的则为32万积分。该项制度已实施多年，积分可兑换节能环保型商品或冲抵因追加施工而发生的费用。[②]

我国于2022年发布《促进绿色消费实施方案》，明确提出探索实施全国绿色消费积分制度，鼓励地方结合实际建立本地绿色消费积分制度，以兑换商品、折扣优惠等方式激励绿色消费；鼓励各类销售平台制定绿色低碳产品消费激励办法，通过发放绿色消费券、绿色积分、直接补贴、降价降息等方式激励绿色消费。在实践中，我国在补贴和激励方面的典型应用是后文将要介绍的碳账户案例，地方政府或者平台企业通过为居民开立个人碳账户，将个人消费行为的碳减排量进行量化并发放积分奖励，通过立体化的客户权益体系激励用户践行绿色低碳行动，激励内容包括商业激励、交易激励和信用激励，旨在通过激励机制设计，引导个人转向绿色

[①] 参见加拿大政府官网，https://natural-resources.canada.ca/nrcan/ecoenergy-renewable-power/14145。

[②] 经济日报.日本推出"住宅环保积分"[EB/OL]. http://paper.ce.cn/jjrb/html/2010-03/23/content_100942.htm，2010-03-23.

生活方式。

(四)组合与制度化

组合与制度化的促进方式是指,通过叠加各种促进绿色消费的政策工具和措施,或者将绿色消费方式纳入法律框架和政策体系,从而使促进绿色消费的举措达到更好的实施效果。

1. 组合政策工具

在很多情况下,单一的政策措施对绿色行为的促进效果有限,需要结合宣传、教育、标签、补贴、税费等多种手段,从消费者的观念到具体行为,给予全方位的引导。目前,组合政策工具已经被广泛应用于能源使用、废弃物管理、交通等众多领域,并取得了较好的效果。

在能源使用方面,欧洲部分国家除要求对家用电器贴标签外,还通过对电力征收能源税或碳税的形式增加家庭能源成本,以此推动消费者购买更节能的家电。我国政府结合标签、补贴和激励、宣传等多种措施,促进绿色家电产品消费,除先后发布15批产品目录清单外,还要求相应产品提供能源效率标识，推出绿色智能家电下乡、以旧换新等补贴活动，促进节能电器的消费。

在废弃物管理方面，日本政府在1970年出台了《固体废弃物管理和公共清洁法》，着手解决经济高速增长所带来的城市垃圾问题。经过50多年的发展，形成了以基本法、综合性法、专项法为依托的垃圾分类、回收、减量化处理的法律体系。在推动实施方面，日本首先从中小学教育入手，将城市垃圾问题写进小学生社会课本中，同时，日本政府建设了一系列的垃圾分类和回收设施，为民众编写并发放详尽的垃圾分类和投放指导手册。每年年底，居民都会收到一份政府发放的次年垃圾分类收集日历，日历中明确资源垃圾种类、收集时间、回收方法等。在政府政策规范及持续的宣传教育下，日本民众养成了良好的环保意识，日本城市化发展所带来的垃圾问题得以解决。

在交通方面，加拿大政府使用能源指南标签，对产品的能源消耗或能源效率进行评级和标签。通过能源指南标签，消费者可以在车辆之间进行比较，并找到满足日常需求的最省油的车辆。^①同时，加拿大政府提供一系列免费在线课程，帮助专业驾驶员了解降低油耗及运营成本的方式。^②我国在交通方面也推出了诸多措施，如针对燃油汽车征收较高的消费税，给予新能源汽车购置税费减免，大型城市仅针对燃油汽车采取竞拍车牌措施，在充电设施的建设和运营中提供财政补贴等。

2. 绿色消费制度化

将绿色消费政策纳入国家可持续发展战略，既从政府层面提升了绿色消费的重要性，又有助于进一步推动相关部门、组织和机构制订具体的绿色消费计划，以促进规划并实施相应的行动。这种制度化方法有助于协调各个政策领域共同行动，为可持续发展目标提供持久的支持。目前，全球各个国家和地区将绿色消费纳入"双碳"战略进行整体统筹规划，充分发挥消费端的减排潜力已经成为全球共识。

---

① 参见加拿大自然资源部官网，https://natural-resources.canada.ca/energy-efficiency/energuide-canada/energuide-vehicles/21010。

② 参见加拿大自然资源部官网，https://natural-resources.canada.ca/energy-efficiency/transportation-alternative-fuels/greening-freight-programs/smartdriver-training-series/21048。

各国的实践经验表明，绿色消费制度化可以通过制定国家可持续发展战略、建立专门机构和实施绿色消费计划实现。通过加强绿色消费的规定、整合政府和非政府组织的力量，并将绿色消费与预算和指标监测相结合，可以进一步推动绿色消费的实施。总体而言，绿色消费制度化是推动绿色消费的关键策略之一，为实现可持续发展提供了重要的支持和指导。

1999年，联合国大会修订《联合国消费者保护准则》，呼吁各国政府与工商界和消费者组织协商，制定或加强国家消费者保护立法与调控，以便在商品和服务的全生命周期内考虑它们的环境影响。该准则在1985年版本的基础上，增加了新的专门部分"可持续消费的促进"，提出可持续消费的责任由社会的所有成员和组织共同承担，包括知情的消费者、政府、企业、劳工组织、消费和环保组织等都要发挥重要的作用。[1]

绿色消费计划可以促进各种政策领域，包括消费者、教育、经济、社会、环境等政策之间的协调和协同效应。在缺乏整体战略的情况下，孤立的政策不仅缺乏凝聚力，而且无

---

[1] 参见联合国官网，https://unctad.org/system/files/official-document/poditcclpm21.en.pdf。

法充分发挥各个政府部门及政策工具的力量。因此，许多国家采取了绿色消费制度化的措施，将其纳入国家可持续发展战略、行动计划或专门的政府机构职责中。例如，日本围绕原材料采购、产品制造、商品流动、回收和处理各环节建立了一套覆盖广泛的法律制度体系，制定并颁布了《循环型社会形成推进基本法》《绿色采购法》《促进包装容器的分类收集和循环利用法》《家用电器回收法》《建筑废弃物再生利用法》《食品回收法》《新综合物流施政大纲》等，通过规范政府、企业、消费者相关主体在绿色消费中的责任和义务，助力日本建设低碳循环型社会。德国将绿色消费作为循环经济中的重要环节，通过国内立法及国际法转化，建立完善的法律政策、标准体系以及监管制度来推进绿色消费，颁布实施了《可再生能源优先法》《循环经济和废物处置法》《可再生能源法》等相关法律措施，对生产生活方式绿色变革发挥了重要的指导和约束作用。我国于2022年发布了《促进绿色消费实施方案》，明确绿色消费工作的目标是到2025年，绿色消费理念深入人心，绿色消费方式得到普遍推行，绿色低碳循环发展的消费体系初步形成。该方案提出，要全面促进重点领域消费绿色转型，包括加快提升食品消费绿色化水平，鼓励推行绿色衣着消费，积极推广绿色居住消费，大力发展绿色交通消费，全面促进绿色用品消费，有序引导文化和旅游领域绿色消费，进一步激发全社会绿色电力消费潜力，大力推进公共机构消费绿色转型，等等。

除前述纲领性政策制度外，在许多细分领域，各个国家和地区也出台了相应法规，以禁止或限制某些不够环保产品的过度使用。

以防止塑料污染为例，为限制和减少塑料袋的使用，国内外出台了一系列法规以禁止或限制部分场合的塑料袋使用。例如，中国内地早在2007年就发布了《国务院办公厅关于限制生产销售使用塑料购物袋的通知》，在全国范围内禁止生产、销售、使用厚度小于0.025毫米的塑料袋，要求所有超市、商场、集贸市场不得免费提供塑料袋。厚度低于0.025毫米的超薄型塑料袋是危害环境和人体健康的产品，在国家发展改革委发布的《产业结构调整指导目录（2019年本）》中已被列为淘汰类产品。同时被列为淘汰类产品的还有一次性发泡塑料餐具、一次性塑料棉签、含塑料微珠的日化用品，以及厚度低于0.01毫米的聚乙烯农用地膜等落后产品。中国香港于2009年推出塑料袋收费计划，2015年起正式全面推行，在香港地区所有零售点禁止免费提供塑料袋，除豁免情况外，每个塑料袋须收费至少五角（港元），2022年底进一步提高收费标准，并收紧了有关食品的豁免。2017年，非洲已有15个国家推出了"禁塑令"或"限塑令"，肯尼亚颁布了目前全球最为严厉的"禁塑令"，规定在肯尼亚境内严禁使用、制造和进口所有用于商业和家庭用途的塑料袋，违反者将被处以1~4年的监禁或1.9万~3.8万美元的罚款。韩国从2010年起开始实行再生计量收费垃圾袋销售制度，规定超市不得免费提供一次性塑料袋，2018年扩大了限塑令范围。日本、泰国和新加坡等国家于2020—2023年陆续推出了类似制度，强制要求对塑料袋收费。

随着全球环境和发展形势发生深刻的变化，绿色消费作为生态文明建设不可或缺的组成部分，已受到越来越多国家的重视，消费端碳减排也成为各国应对气候变化的重要努力方向之一。相关国家政府、行业组织采取了一系列积极的措施，以加强对绿色消费的引导和规范，有效推动了经济社会的绿色转型和可持续发展。一方面，在各国持续的低碳传播活动及普及环保教育的作用下，民众低碳环保意识得到增强，逐渐形成了绿色生活方式和消费模式；另一方面，许多国家政府通过建立健全相关法律及标准，明确规定了政府、企业、消费者等相关主体在绿色消费中应该承担的责任和义务。政府通过税收、补贴和激励等措施，创造了政策条件，使消费者通过绿色低碳行为获取经济利益，促使其环境效益内部化，从而增加了绿色产品需求。行业组织通过不断完善绿色产品标准、认证、标识体系，进一步引领和带动了产品及服务的绿色化水平提升，加速了绿色市场的形成。此外，许多学术机构也在开展对消费者行为习惯的研究，试图根据场景及人群特性，找出有针对性的对策，来激发个人的持续性绿色低碳行为。在各方努力下，绿色消费将不断地倒逼企业进行低碳技术更新，推动产供销全生命链条的绿色转型。

二、碳账户实践

"双碳"目标的提出对社会发展的方方面面产生了深刻影响，无论是直接产生温室气体排放的工业部门，还是通过消费活动间接产生排放的居民部门，都需要了解自身的碳排放水平，并承担起各自的绿色转型责任。

在此背景下，碳账户应运而生。作为一项以碳资产为核心的金融制度创新，碳账户通过对用户的碳资产情况进行核算、登记与管理，支持用户参与碳交易及碳普惠活动，进而充当发挥碳资产价值尺度与贮藏手段、支付手段、流通手段等潜在货币职能的媒介。在碳交易市场不断成熟完善的趋势下，碳账户将逐步承担起金融基础设施的重要角色。其中，个人碳账户以采集居民端的绿色消费行为并核算相应的碳减排量为核心，通过丰富有趣的产品设计以及对广泛用户群体的有效触达，有望成为助力消费端碳减排的重要工具。

碳账户的落地不仅需要依靠强大的政策渗透力，还需要公民拥有遵守社会规范与认同的心理，中华文化强调集体主义和社会凝聚力，民众对政府的信任度也较高，这为碳账户的发展提供了良好的土壤。与此同时，碳账户的发展对数字技术有较高的要求。近年来，国内社会在互联网产业的带动下，大数据、云计算、物联网、区块链等科技手段蓬勃发展，政府部门、消费部门、支付部门之间不断打破数据边界，移动支付逐渐成为社会主流的支付方式，为碳账户的数据获取打下了良好的基础。在数字经济高速发展的助力下，碳账户体系架构不断完善，对广大居民群体绿色行为的动态追踪能力持续增强。

（一）个人碳账户

个人碳账户的设计以碳普惠机制为核心，其内在逻辑在于定量评估个人的碳减排贡献，运用市场机制和经济手段，对公众的自愿碳减排行为进行普惠性质的奖励，通过"谁减排谁受益"的机制，激发个人践行绿色低碳生活的内在动力，进而形成绿色消费的社会氛围。

从产品结构来看，个人碳账户主要包括行为采集（计分）、量化核算（发分）与激励机制（兑分）三大核心环节。在行为采集（计分）环节，碳账户的目标在于尽可能全面地获取个人的消费数据，并从中识别绿色场景，这些场景将成为倡导绿色生活方式的重要抓手。在量化核算（发分）环节，碳账户以碳减排量核算方法学为依据，科学量化个人绿色低碳行为的碳减排贡献。在激励机制（兑分）环节，个人累计的碳减排贡献可换算为碳积分，形成个人的碳资产积累，为个人赢得相应的物质奖励或精神奖励（如参与公益活动）等。

在行为采集（计分）环节，不同机构依据各自掌握的数据资源以及对绿色产品和服务的创新水平，开发出不同的绿色行为场景（见表3-1）。覆盖的绿色行为场景越丰富，意味着机构对数据资源的开发能力越强,也体现出机构对业务转型方向更深的理解,以此为基础建立的碳账户能够引导个人在生活的不同方面践行绿色理念,进而对个人的碳减排水平提供更全面的评价。以绿色出行场景为例,近年来,网约车平台推出拼车、顺风车等业务,通过乘车人共享座位和行驶里程,提高单位车辆的载客数,降低空驶率,进而减少每人每千米出行的碳排放量,成为一种具有低碳属性的创新出行方式;网约车平台依托业务自身的技术,通过统计用户出行的起始点、里程、时间等信息,实现对用户低碳出行行为数据的采集,使这项绿色消费活动具备可核算的基础。

表 3-1 碳账户覆盖的绿色行为场景

行为类别	主导机构	产品名称	绿色行为场景
衣	支付宝	蚂蚁森林	旧衣回收
	阿里巴巴	88 碳账户	低碳服饰、替换装
	广东省政府	广东碳普惠	旧衣回收
食	支付宝	蚂蚁森林	减少一次性餐具
	阿里巴巴	88 碳账户	低碳食品、无需餐具、光盘行动、小份餐食、空瓶回收、低碳包装
	饿了么	e 点碳	无需餐具、小份餐
住	阿里巴巴	88 碳账户	节能家电、随手关灯、随手关空调、垃圾分类
	支付宝	蚂蚁森林	节能家电
	南方电网(深圳)	碳普惠	节约用电

续表

行为类别	主导机构	产品名称	绿色行为场景
住	中国人民银行衢州市中心支行	衢州碳账户	节约用水、节约用电、生活垃圾分类
行	支付宝	蚂蚁森林	车辆停驶、骑行、公交出行、地铁出行、步行、使用新能源汽车、不停车缴费
行	平安银行	低碳家园	步行、共享单车、公交出行、地铁出行、驾驶新能源汽车、铁路出行
行	曹操出行	碳惠里程	拼车、顺风车、共享单车
行	腾讯	低碳星球	步行、公交出行、地铁出行
行	高德地图	绿色出行碳普惠	步行、骑行、公交出行、地铁出行
行	浙江省政府	浙江碳普惠	车辆停驶、骑行、公交出行、地铁出行、步行、不停车缴费
用	支付宝	蚂蚁森林	自带水杯、使用循环包装、环保减塑、二手回收、闲置交易、减少酒店一次性用品使用、电子签约、电子票据
用	阿里巴巴	88碳账户	卖出/购买闲置、闲置回收、黄金回收；电子发票、快递包装回收、使用环保袋、阅读电子书
用	闲鱼	碳积分	二手交易、二手回收
办公	支付宝	蚂蚁森林	在线会议、电子政务
办公	钉钉	—	视频会议、智能填表、在线直播、协同办公
办公	浙江省政府	浙江碳普惠	电子政务
办公	日照银行	碳普惠平台	电子政务、电子账单
数字金融	浦发银行	绿色低碳专区	公共缴费、在线还款、虚拟卡申请、购买保险、新能源汽车分期
数字金融	银联	绿色低碳小镇	网购电影票、汽车票等

在量化核算（发分）环节，碳减排量衡量了当前绿色低碳行为对环境的客观贡献，需要以严谨科学的核算方式对绿色低碳行为进行评估，从而为消费者建立清晰的绿色低碳行为指引。目前，各平台一般使用经官方机构认证或由第三方权威机构提供的碳减排核算方法学或测算模型，方法学的开发主体主要包括地方生态环境局、碳交易所、中华环保联合会等官方机构及互联网平台企业等（见表3-2）。提高核算标准的科学性是推动绿色消费行为上升为可参与市场交易的碳信用资产的前提。以骑行场景为例，目前已有哈啰单车等共享单车运营商凭借对行业的深刻理解，以及对行业历史数据的掌握，自研推出共享单车骑行碳普惠方法学，使骑行场景的碳减排量核算方法得到地方政府部门的肯定和背书，进而可参与地方试点碳市场交易，实现了骑行场景下碳信用资产的开发与市场价值的初步兑现。

表3-2 绿色行为碳减排量核算规则

行为类别	绿色行为	平台主体	核算规则	标准制定者
衣	旧衣回收	支付宝	每件790克	北京绿色交易所
衣	低碳服饰	阿里巴巴	每件80克	阿里巴巴、中环联合认证中心、碳信托
食	不含塑料订单	支付宝	每次21克	北京绿色交易所

续表

行为类别	绿色行为	平台主体	核算规则	标准制定者
食	无需餐具	饿了么	每次 16 克	天津排放权交易所
	小份餐	饿了么	每次 152~808 克	中华环保联合会
	低碳食品	阿里巴巴	每件 80 克	阿里巴巴、中环联合认证中心、碳信托
	光盘行动	阿里巴巴	每次 322.9 克	
住	购买节能家电	阿里巴巴	每次 5~300 千克	阿里巴巴、中环联合认证中心、碳信托
行	车辆停驶	支付宝	燃油汽车停驶一天 1 460 克（限北京）	北京绿色交易所
	骑行	哈啰单车	每次上限 54 克	哈啰单车自研
	步行	支付宝	每日最大 180 克	北京绿色交易所
	ETC 缴费	支付宝	每次 23 克	北京绿色交易所
	公交	银联/平安	每次 72.556 克	上海环境能源交易所
	地铁出行	银联/平安	每次 30.196 克	
	铁路出行	银联/平安	每元 62.007 克	上海环境能源交易所
	新能源汽车充电	银联/平安	每元 42.166 克	
用	电子发票	阿里巴巴	每次 5 克	阿里巴巴、中环联合认证中心、碳信托

续表

行为类别	绿色行为	平台主体	核算规则	标准制定者
用	快递包装回收	阿里巴巴	每次 37 克	阿里巴巴、中环联合认证中心、碳信托
	闲置交易	闲鱼	大型家电：每台 9.763 千克；手机：每台 0.631 千克；笔记本电脑：每台 0.987 千克；相机：每台 2.286 千克	北京绿色交易所
	闲置回收	闲鱼	图书每次 195 克	北京绿色交易所
办公	国际退税	支付宝	每次 4 克	北京绿色交易所
	电话/视频会议	钉钉	每日上限 20 克	
	在线直播/智能填表	钉钉	每日上限 10 克	
	协同办公	钉钉	每日上限 22 克	
数字金融	网购电影票	支付宝	每次 180 克	北京绿色交易所
	公共缴费	银联/平安	每次 4.044 克	上海环境能源交易所
	网购汽车票	银联/平安	每次 53.932 克	

低碳生活方式改变了个人传统的消费习惯，但绿色产品由于使用更高级的原材料或更复杂的生产过程，可能具有更高的价格。在此背景下，促进绿色消费的思路，一是宣传教育，二是提供激励措施。在宣传教育方面，碳账户可以用更

具趣味性的方式，吸引用户注意自身活动的碳排放情况，宣导绿色低碳的生活方式；还可以从行为经济学的角度出发，优化宣传信息的呈现内容与方式，以绿色助推方式引导用户规避日常生活中的非理性选择。在提供激励措施方面，碳账户平台可以借助低碳主题所带来的交易黏性与账户活跃度，推送平台自身的低碳服务产品，在完成激励的同时，推广企业的其他业务场景，实现公益与商业的结合，还可以为用户提供参与公益活动的机会作为精神激励等（见表3-3）。除此之外，个人减排量资产还可核证为可交易的碳信用资产，在为控排企业提供优质碳抵消资产的同时，也为居民自身争取到碳交易收益；金融机构还可以将碳减排能力纳入个人的信用评价体系中，通过金融产品的创新，为减排先锋个人提供金融服务方面的便利。

表3-3 碳账户绿色权益

权益类型	主导机构	产品名称	权益内容
公益类	支付宝	蚂蚁森林	公益林、保护地、海洋保护、亚运碳中和
	阿里巴巴	88碳账户	爱心充电——为边远山区小学提供清洁电力
	腾讯	低碳星球	深圳市红树林保护
	平安银行	低碳家园	公益林、保护红树林湿地和候鸟

续表

权益类型	主导机构	产品名称	权益内容
经济类	腾讯	低碳星球	腾讯视频会员周卡等
	平安银行	低碳家园	视频会员卡、Keep会员卡、咖啡券等
	浦发银行	绿色低碳专区	拉杆箱、四件套、毛巾等
	浙江省政府	浙江碳普惠	实物礼品兑换、景区门票等
	北京市政府	绿色生活季	骑行卡、停车券、麦德龙会员卡等
金融支付类	阿里巴巴	88碳账户	商品优惠券、红包等
	腾讯	低碳星球	地铁券
	平安银行	低碳家园	消费抵扣券
	建设银行	个人碳账本	骑行卡、外卖抵扣券
	中信银行	中信碳账户	保险立减券、绿色产品抵扣券
	北京市政府	绿色生活季	免息券、充电券

（二）国内外碳账户实践

1. 国外碳账户探索

对所有国家而言，居民部门的碳减排都是重要且充满挑战的。为应对气候变化，国际社会不仅在生产端建立碳交易机制构建碳减排体系，同时在消费端积极探索实践。其中，英国、澳大利亚、芬兰等国家相继开展了一系列与居民部门碳排放交易机制相关的研究；日本、韩国则尝试通过构建绿色环保积分制度、低碳信用卡等手段，将居民碳账户、经济奖惩等运用在居民绿色消费的促进活动实践中。

1996年，英国学者大卫·弗莱明最先提出个人碳交易的概念，即一种在"限额和交易"框架下针对下游消费者层面的碳减排政策，这种方法通过构建个人碳市场界定消费者的碳产权，将消费者私人碳排放的外部性内部化，借由碳排放权价格向消费者传递经济减排信号，激励消费者选择低碳的消费方式。[1]尽管政府层面也十分关注个人碳交易机制的创新，但是由于个人碳交易会对居民的消费习惯产生冲击，同时运转成本过高，因此面临较大的社会道德及法律障碍，至今全球范围内尚无国家大规模推行，大多数国家的个人碳交易计划均停留在设想或局部地区实验阶段。

2012年，澳大利亚诺福克岛实施了NICHE（Norfolk Island Carbon Health Evaluation，诺福克岛碳健康评估）实验，可被视为全球个人碳交易在较小范围内实践的先驱。NICHE机制的设计包含碳排放量监测核算、碳配额分配及碳交易三方面，在小范围个人碳交易的环境下，诺福克岛居民部门的碳排放量有所下降。然而，由于存在碳核算数据获取困难、碳配额分配方式合理性不足等问题，实验结果的可靠性和完善性受

---

[1] 王善勇，李军，范进，等.个人碳交易视角下消费者能源消费与福利变化研究[J].系统工程理论与实践，2017（6）：1512-1524.

到了一些影响。NICHE的经验虽然难以直接在全球复制，但在碳数据核算、碳交易服务等方面为碳账户的建设提供了宝贵的经验。

与欧洲和澳大利亚采取以约束为主、有奖有罚的个人碳交易机制不同，日本选取了更具普惠性质的制度路线。从2009年年中至2010年第一季度，日本推出环保积分制度，以国家财政经费支持个人消费者购买环保家电。在该制度下，居民购买节能家电可按商品价格的5%~10%获得环保积分，该积分可用于换购其他节能产品或服务等。在环保积分制度实施期间，日本的空调、电视、电冰箱等节能家电的销售量大幅增长。这项制度借用市场力量，将强化环保、刺激消费和鼓励节能减排深度融合，在实现消费端节能减排的同时，带动了国家绿色产业的发展。

2008年，韩国光州银行向自愿参与的家庭发放碳银行卡，若持卡人及家庭满足特定的节能标准，或者购买指定的环境友好产品、搭乘公共交通工具出行等，就能获得一定量的碳积分，该积分可用于换购绿色家庭用品或服务优惠。在此基础上，2009年韩国正式实施碳积分制度，对符合特定节能标准的居民给予积分奖励，积分可用于购买绿色产品、领取购物券等，或者在旅游、文化、体育等领域享受打折服务，也可以直接返现或用来抵销地方税，活动得到了韩国民众热烈的响应。

整体而言，欧洲国家的消费端碳减排实践更倾向于个人碳交易机制的研究设计，希望在居民部门建立起类似于企业部门的碳配额约束机制，通过碳交易调节居民的生活决策；而日本、韩国则更倾向于普惠式的运作方式，着重通过财政补贴或商业激励，促进居民选择绿色低碳的生活消费方式。从实践效果来看，欧洲碳账户在应用广度与深度上都明显低于日韩，在一定程度上呈现出居民端不同于企业端的特点，对个人而言，奖励的效果要明显优于惩罚，这为碳账户方案的设计指明了发展方向。

2. 国内碳账户发展现状

自"双碳"目标提出以来，我国地方政府、银行业、互联网企业等加大了在碳账户领域的实践探索力度（见图3-1）。据不完全统计，国内不同类型的组织与机构已先后发布碳账户类项目70余个。从发布时间来看，2020年前国内上线碳账户平台12家，以广东省、湖北省武汉市、江苏省南京市等地

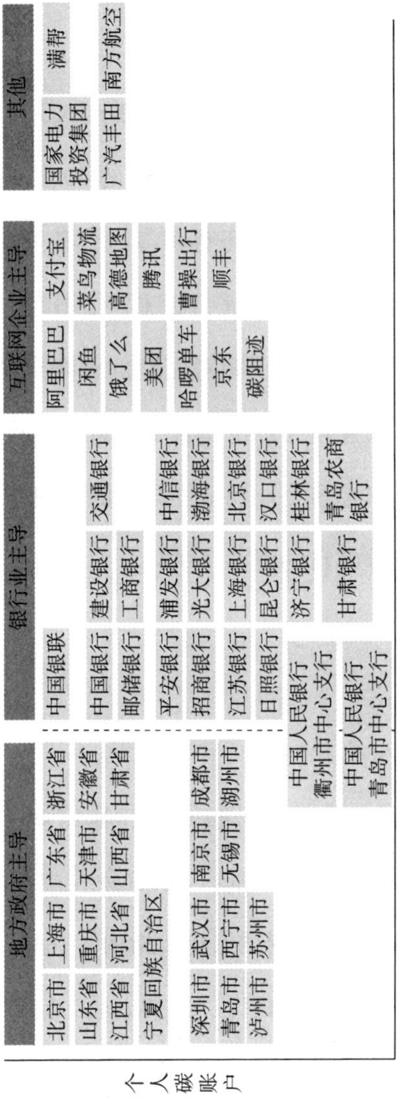

图 3-1 按照主导机构类型及用户主体对个人碳账户分类

个人碳账户

地方政府主导：北京市、上海市、广东省、浙江省、山东省、重庆市、天津市、安徽省、江西省、河北省、山西省、甘肃省、宁夏回族自治区、深圳市、武汉市、南京市、成都市、青岛市、西宁市、无锡市、湖州市、泸州市、苏州市

银行业主导：中国银联、中国银行、建设银行、工商银行、交通银行、邮储银行、平安银行、浦发银行、中信银行、招商银行、光大银行、渤海银行、江苏银行、上海银行、北京银行、日照银行、昆仑银行、济宁银行、汉口银行、桂林银行、甘肃银行、青岛农商银行、中国人民银行衢州市中心支行、中国人民银行青岛市中心支行

互联网企业主导：阿里巴巴、支付宝、菜鸟物流、高德地图、闲鱼、饿了么、腾讯、曹操出行、顺丰、美团、哈啰单车、京东、碳阻迹

其他：国家电力投资集团、满帮、广汽丰田、南方航空

第三章　促进绿色消费的政策思路　　135

方政府为主；2020—2021年，新增20多家碳账户平台，以美团、高德地图、哈啰单车等互联网企业和北京市、成都市、青岛市、重庆市等地方政府为主导；2022—2023年，新增以商业银行、互联网企业和地方政府为主导的40多家碳账户平台，碳账户平台建设呈现爆发态势和多点开花局面。此外，2021年以来，银行业已发行24张低碳主题信用卡。

现阶段，国内已经形成了相对完整的碳账户体系架构，对其中的核心环节及建设要点也积累了丰富的经验，开发个人碳账户已成为各家平台企业和地方政府的普遍共识。不同政府和机构充分发挥各自的资源禀赋与专业能力，创设出各具特色的碳账户产品。

（1）地方政府主导类

国内最早的地方碳普惠机制研究和探索始于广东省，2015年广东省发展改革委印发《广东省碳普惠制试点工作实施方案》《广东省碳普惠制试点建设指南》，率先启动了碳普惠机制创新。广东省围绕社区、公共交通、旅游景区、节能低碳产品等场景制定了具体的试点建设方案，最先尝试以商业激励、政策激励及交易激励三种方式鼓励大众采取绿色生活方式。2017年广东省制定出台《碳普惠制核证减排量管理的暂行办法》《广东省碳普惠制核证减排量交易规则》等，进一步为碳普惠核证减排量（PHCER）的方法学开发、管理和交易等提供了法律依据，2019年上线首个城市碳普惠平台。

深圳市作为改革开放的先行示范区，在推动市民低碳生活政策和实践方面也保持先试先行。2021年11月，深圳市出台《深圳碳普惠体系建设工作方案》，致力于构建全民参与且持续运营的碳普惠机制，鼓励小微企业、社区家庭和个人作为最小参与主体，通过低碳行为数据平台与碳交易市场平台互联互通，以政策鼓励、商业激励、公益支持和交易赋值四驱联动为支撑，推动形成持久、普遍的绿色低碳生活方式。其中，绿色出行场景以腾讯的"低碳星球"小程序为载体，用户通过平台记录在深圳市区内的公交地铁出行行为，所积累的碳减排量经深圳市生态环境局监管及第三方核查机构核证后，可在深圳排放权交易所挂牌交易，用于抵消企业碳排放；绿色用电场景由南方电网的居民低碳用电碳普惠平台承载，居民住户在深圳市范围内的低碳用电情况可核算为碳减排量，并获得相关荣誉反馈。

除此之外，地方政府主导的碳账户案例，还有南京市2016年在"我的南京"一站式在线公共服务App上线的"绿色积分"功能，北京市2020年依托出行即服务（MaaS）平台推出的绿色出行碳普惠激励机制，以及成都市2021年发布的"碳惠天府"绿色公益平台等。

地方政府主导的个人碳账户大多具有完善的顶层设计与政策体系，更注重核算过程的科学有效性以及与相关政策的协同性，具有自上而下的引导意义。整体而言，政府主导类的碳账户具有可信度高、公益性强等优势，可通过强大的动员能力，促进社区、企业及其他社会组织提高参与度。

（2）银行业主导类

早在2010年，兴业银行、光大银行等金融机构就陆续推动低碳信用卡产品试水碳普惠，激励持卡人购买一定的碳排放配额，参与碳市场交易，或者通过刷卡消费获取碳积分，进而支持公益事业。早期，信用卡未与持卡人绿色消费行为挂钩，而是鼓励居民依托低碳信用卡账户，直接购买碳减排量资产实现个人碳中和。但由于当时低碳社会的氛围尚未形成，仅以个人碳中和目标作为激励过于超前，低碳信用卡业务发展缓慢。

此后近10年，商业银行虽然在低碳信用卡方面的尝试不多，但在地方监管部门的引导下，也出现了一些较为突出的碳账户实践案例。例如，2018年，在国家绿色金融试点区之一的衢州市，中国人民银行衢州市中心支行组织银行业机构从绿色支付入手，筹建居民碳账户体系，系统通过抓取银行绿色支付的数据，引领个人客户使用线上系统，并挂钩客户的绿色支付水平评级结果，进行金融产品创新。之后，在衢州市中心支行的推动下，当地各银行的碳账户实现了标准与平台的统一，形成了首个全市统一的银行业碳账户体系，并创新性地推出了与差异化信贷政策相挂钩的碳账户评级制度。

2021年8月，中国银联联合上海环境能源交易所、各家商业银行，共同发布推出银联绿色低碳主题信用卡，其运作模式是基于居民的绿色低碳行为形成低碳积分，并给予相应激励（如绿色消费优惠、低碳出行优惠、绿色能量兑换、证书奖励、新能源购车优惠等），以此引导居民践行绿色低碳生活。

以银联绿色低碳主题信用卡为基础，平安银行、中信银行、建设银行、浦发银行、日照银行等10多家银行利用自身交易结算数据优势，相继完善产品，推出各具特色的碳账户运营平台。在这一阶段，个人碳账户在追求更全面的核算与更完善的功能方面展开探索，碳减排数据来源日益多样化，核算方式更加科学，数字技术应用也更加广泛。与此同时，银行还基于丰富的绿色低碳生活场景，进行金融与非金融服务创新，为拓展银行业务及深化绿色金融发展探索出一条新的路径。

由于商业银行能够广泛触达用户并获取用户的消费数据，同时植根于金融系统，具有资金存储、借贷、转让和交易结算能力，因此可以更便捷地与同样具有金融属性的碳信用相结合。随着碳金融市场的发展及衍生产品与服务需求的不断丰富，以银行账户为基础的个人碳账户将更好地适应市场发展，为用户衍生的各类碳资产管理服务提供相应的功能支持。此外，商业银行作为中介机构已与地方政府、第三方专业机构、商户、碳交易所等群体建立良好的合作基础，因而有能力将各方资源汇聚形成合力，共同支持居民碳账户的发展。

（3）互联网企业主导类

互联网企业主导的碳账户平台以支付宝"蚂蚁森林"为

典型案例，是最早在国内引起国民较高关注度和舆论声浪的碳账户。互联网企业发布碳账户的动机不完全是出于公益，更多的是希望以碳账户为工具，提升自身的环境社会治理水平，或者把握全球"双碳"战略发展机遇，探索业务模式创新，因此这些企业大多是从自身的优势业务出发，将可持续的商业模式融入碳账户体系的设计当中，形成了一些既有公益价值又有经济价值的新颖案例。

在具体实践中，主要形成了两类运作模式：第一类以阿里巴巴为代表，通过拉通平台上下游商业伙伴，形成集团内部多场景多形式的"1+N"碳账户；第二类是从平台自身商业优势出发，以自有单一场景进行专业化深入探索，提升碳账户的应用拓展性，如共享单车场景下的哈啰单车等。

2021年12月17日，阿里巴巴集团发布《2021阿里巴巴碳中和行动报告》，首次提出"范围3+"减排概念，即在国际通行的碳排放核算范围1、范围2、范围3之外，企业还可以通过促进其所在生态系统中非自身运营及与价值链相关的其他参与者或相关方（用户、商业伙伴、供应商等）进行碳减排行动，以产生积极的气候影响力。2022年8月8日，阿里巴巴正式发布"88碳账户"，成为推动公司"范围3+"减排愿景落地的重要载体，也构建了"1+N"母子账户的雏形。

"88碳账户"以淘宝平台作为母账户入口，同时汇集用户在饿了么、菜鸟、闲鱼等子账户平台的减碳量，在激励用户践行低碳生活方式的同时，为商户的绿色产品与服务提供优先展示的窗口。"88碳账户"体系的建立，让消费者、提供绿色产品或服务的商家和平台共同形成碳减排联盟，商家的低碳创新产品或服务吸引有同样气候友好意识的消费者，平台进一步凸显碳减排行动的价值，创造出一种绿色低碳的独立运营模式。

2022年以来，生态环境部引导全国各地积极开展绿色出行创建活动，108个城市参与其中，在碳普惠体系下，绿色出行场景是最简单、门槛最低且最受公众喜爱的低碳行为场景。共享单车和助力车在所有的交通工具中碳排放量最小，成为绿色出行的首选方式。在此背景下，哈啰单车凭借在骑行领域的方法学研究和算法技术，以及行业专家、交易市场渠道、政府合作经验等资源累积，为希望实现"双碳"目标的平台企业定制开发绿色出行碳账户产品，通过对骑行场景下个人碳减排量的科学核算，实现个人碳资产核证备案，使其具备交易和碳抵消属性，从而打通碳账户交易激励路径。

目前，哈啰单车已发布两轮减碳系数，其组织的"让骑行更低碳"案例入选生态环境部绿色低碳典型案例，同时哈啰单车核算的骑行碳普惠减排量已被纳入上海市、深圳市、重庆市等碳交易市场，公司与上海市、深圳市等交易所进行战略合作，在10个城市获得第三方官方核证机构联合政府主管机构颁发的碳减排证书。

第四章

绿色助推

在诸多促进绿色消费的政策设计中，绿色助推常常表现出"四两拨千斤"的效果。它不像铺天盖地的宣传语，无法确定能否作用到具体的个人；也不像绿色补贴，需要通过大量的财政拨款才能抹平绿色产品与一般产品之间的成本差；更不像强制命令，剥夺了人们的选择权，有可能导致社会不公平。绿色助推仅通过对信息的稍加处理，包括改变信息的呈现方式或调整信息所呈现的内容等，就可以在潜移默化中把人们引向正确的决策方向。随着这种巨大的影响力在越来越多的研究中得以证实，绿色助推理论逐渐获得更多学者与政策制定者的关注。

不同于古典经济学以理性人假设为一切分析的出发点，绿色助推理论重视个人在真实行为模式下所反映的心理学特征，并针对这些特征提出相应的绿色助推工具，从而帮助人们克服阻碍，做出有益于环境的选择。例如，针对人们更愿意随大溜的心理特征，在家庭用能报告中披露小区各个家庭节能的平均水平，能够有效提高排名靠后家庭的节能量；对于人们常常出现概率判断偏差的情况，提供绿色默认选项，或者以更容易理解的方式呈现选项，能够帮助人们选出真正对他们有益的选项。

本章内容从行为经济学的研究成果出发，首先梳理了人们在决策中表现出的非理性特征。其次结合绿色环保的具体场景，归纳列举了学术界对于绿色助推工具的研究成果。在具体实践中，绿色助推工具可能在不同场景下呈现不同效果，甚至引发伦理道德方面的争议。因此对于政策制定者而言，掌握绿色助推的理论基础，围绕相关政策创新进行实验论证，综合考虑多方主体的利益影响，都是不可或缺的环节。

一、绿色行为的决策机制

2017年，芝加哥大学的理查德·塞勒获得诺贝尔经济学奖，他的研究方向主要是行为经济学和行为金融学。自此，行为经济学逐渐成为一个热点话题，并进入大众的视野。简单来说，行为经济学是心理学和经济学两种学科的有机结合，它系统性地研究了人们的经济决策行为如何偏离理性人的假设，即人们的行为在哪些方面具有非理性的成分。

研究人的非理性行为之所以重要，是因为非理性比理性可能更常出现在人们的行为决策中。例如，当人们进行有关绿色消费行为的决策时，如果是完全理性的，那么即便当下他还无法切身感受温室效应可能带来的环境风险，他也能充分理解；他还会自觉主动地选择低碳行为，包括多采用公共出行方式、多吃素食、节约纸张等，因为从长远来看这些行为对他个人都是有益的。然而现实并非如此。非理性的存在会使人们的行为发生偏差，想要引导人们回归正轨，就必须首先弄清人们是怎样偏离的。

经济学中的理性人概念具有广义和狭义之分。在广义层面，理性人需要满足两方面的行为模式：一是完备性，二是传递性。完备性是指，如果有两样东西，理性人一定能够对二者进行比较，要么觉得一件比另一件好，要么觉得二者没有差异。传递性是指，如果还有第三件东西，当理性人认为第一件比第二件好，第二件比第三件好时，他也一定会认为第一件比第三件好。这两种行为模式结合在一起,保证了人的决策具有内在一致性,而正是这一特性,使人们的决策可以被数学化和效用化,成为经济学发展的基石。

新古典经济学在对人们的行为进行更具体的分析时,又在狭义层面进一步细化了理性人假设,大致可以总结为四个方面。第一,新古典经济学认为人们只在乎自己的绝对收益,即一个人的钱越多,他的幸福感也应该越多;第二,新古典经济学假设人的跨期选择是一致的,所以人的计划一定可以被执行;第三,新古典经济学假设人只在乎自己的利益,因此即便他有捐款行为,也是为了避税,或者博取好的社会名声;第四,新古典经济学认为,人一定会遵从贝叶斯法则进行正确的概率判断。

从直观来看,人们生活中的很多决策并不是严格按照以上假设做出的,行为经济学的研究者通过大量实验和数据,提出了具有科学依据的反对意见。第一,关于人只在乎绝对收益的假设,行为经济学发现,有时人们更在乎的不是绝对收益,而是与某个参照点进行比较所得出的相对收益。这个参照点可能是人们过去的状态或期望值,也可能是其他人的状态。从这个参照点出发,人们会产生损失或得到的感觉,继而产生损失厌恶的倾向。第二，关于跨期选择的假设，行为经济学的研究者发现人的计划和执行往往是不一致的，这是由于人更注重当下的享乐，而这种倾向会使人们在执行计划时产生自我控制问题、过度消费问题以及拖沓问题等。第三，关于人只在乎自己利益的假设，行为经济学认为人有非常复杂的社会性动机，人不但会关心他人，也会在别人对自己好时，与他人产生互惠行为，人可以信任他人，也会产生愧疚、报复、诚实等非常复杂的情感。第四，关于概率判断的假设，行为经济学的研究者发现大部分人无法对概率进行严格的理性推断，因此人常常会产生赌徒谬误、热手谬误、过度自信等概率判断问题。

　　基于这样的背景，本部分尝试分析在有关绿色消费的个人决策中，存在怎样的非理性决策，以及这些非理性特征能够为企业政策与公共政策的制定带来怎样的启发。以行为经济学的研究成果为依据，将这些非理性行为分成两个方面进行讨论：一是有关认知层面的偏误，包括人们损失厌恶、跨期选择以及概率判断；二是有关心理层面的诉求，主要体现为人们在决策时所具有的复杂的社会性动机。这些内容几乎可以覆盖人们做出的所有非理性决策。

（一）人们的不完全理性与有限的意志力

理性人是传统经济学中一项重要的基本假设，它背后反映的是假设中的人们采取决策时应该遵循的思考方式与路径，然而现实中人类自身的认知能力是有限的，这一特征在环保领域尤为明显。例如，人们错误地认为只要减少碳排放量，温室气体就能很快消失，但事实上大多数温室气体在排放后的几十年甚至数百年里都将持续使地表温度变得更高。[1] 在这种相对缺乏特定领域知识的情况下，人们更倾向于依靠经验和直觉进行决策，因此会不可避免地时常做出错误的判断，采取次优的决策。

研究者通过大量的实验与理论研究，逐步将真正影响人们做出决策的因素进行了整理，其中包括框架效应、禀赋效应、显著性偏差等，人们在生活中表现出来的这些行为特征，可以帮助政策制定者更好地理解个人的行为选择，进而通过助推工具的设计，弥补人们在认知和动机上的不足，推动人们

---

[1] Solomon S, Plattner G K, Knutti R, et al.. Irreversible climate change due to carbon dioxide emissions [J]. Proceedings of the National Academy of Sciences, 2009: 1704–1709.

朝更正确的方向行动。我们可以依据行为经济学提供的框架，从损失厌恶、跨期选择、概率判断三方面理解这些决策因素。

1. 关于损失厌恶

损失厌恶是指损失带来的负效用超过同等程度收益带来的正效用。[①]例如，面对同样的财富，人们愿意用1倍的努力来赚取它，但如果这笔财富已经在自己手中，那么人们更愿意用2.5倍的努力保住它。损失厌恶的观点与行为经济学中一个著名的理论——前景理论密切相关，它由丹尼尔·卡尼曼和阿莫斯·特沃斯基在1979年发表的文章中提出，卡尼曼因为提出前景理论在2002年获得了诺贝尔经济学奖，而前景理论也成为经济学领域引用率最高的著名理论之一。

前景理论认为，人的效用不是建立在一个绝对数值水平之上的，而是把自己现在的状态与一个参照点进行比较，进而产生损失或得到的感觉；同时，一单位"得到"带来快乐的程度小于一单位"损失"带来伤害的程度。由此，前景理论提出了一个非常重要的论题，即在损失厌恶中，参照点将

[①] Kahneman D, Tversky A. Prospect theory: An analysis of decision under risk [J]. Econometrica, 1979 (47): 263–292.

极大地影响人们对事物的感知及决策。根据前景理论，人们对于事物的判断，可能不是基于绝对值，而是基于比较。很多人认为比较的对象是当下的状态，但是近年来越来越多的研究表明，人的期望值也是一个非常合理的参照点。

研究还发现，损失厌恶作为一种稳定的心理机制，贯穿于人们行为决策的方方面面，并可能造成三种影响：一是导致人们产生过度的风险厌恶行为；二是使人们在产生损失的时候不愿意进行交易；三是让人产生设定目标的行为。

关于损失厌恶使人们在产生损失时不愿意进行交易的问题，行为经济学的研究者通过进一步研究总结出两个理论：一是禀赋效应，二是处置效应。

禀赋效应由丹尼尔·卡尼曼、杰克·耐什和理查德·塞勒三位经济学家在1990年提出。在当年的实验中，人们被分为A、B两组，A组手中都持有咖啡杯，B组则没有。当A、B两组被问道"愿意以怎样的价格卖出或购买咖啡杯"时，出现了一个很有趣的现象，A组最少需要5.25美元才愿意卖出手中的咖啡杯，而B组则最多愿意支付2.75美元来购买对方的咖啡杯。

这个现象之所以有趣，是因为虽然人们对咖啡杯的感知各不相同，但由于人群是随机分配的，平均而言，每组人对咖啡杯的估值应该是一样的。但在实验中，A、B两组人给出的价格甚至没有相同的。按照经济学原理，这就意味着没有一个咖啡杯能完成交易。如果将这个结论推演到整个金融市场，则可以说没有一只股票有发生交易的可能，因为买卖双方的报价永远无法重合。由于这个结论所隐含的内容过于重要，禀赋效应一经提出就获得了很多关注，甚至时至今日，自理论提出已经过去了30多年，仍然不断有探讨禀赋效应及其影响的高质量学术论文发表。简言之，禀赋效应是指个人的受偿意愿远高于支付意愿，人们更害怕改变可能会带来的损失，这种现象在涉及环境等公共物品时表现得最为明显。[1]例如一项调查表明，为种植行道树，当地居民平均愿意支付10.12美元；而如果要砍伐行道树，居民要求的赔偿金额平均为56.6美元。

处置效应是指当人们的资产出现损失时，他们反而不愿意卖出这笔资产。这可以进一步延伸为现状偏差，也就是即便维持现状并不符合自身利益，且改变现状的成本很低，人

---

[1] Horowitz J K, Mcconnell K E. A review of WTA/WTP studies [J]. Journal of Environmental Economics and Management, 2002 (44): 426–447.

们也常常倾向于维持现状。这是由于改变现状需要人们做出主动选择、权衡利弊，尤其是在涉及比较复杂、技术水平要求较高的选择时，人们往往倾向于拖延决策，因惰性和拖延而维持现状。例如，英国的一项案例显示，即便售电公司涨价且更换售电公司很方便，用户也没有积极性更换售电公司。[1]

由损失厌恶引发的让人产生设定目标的行为是指，在不涉及任何风险的决策环境中，人们往往倾向于设定一个目标作为参照点，利用损失厌恶心理，驱动自己达成目标。坦吉姆·侯赛因和约翰·李斯特在2012年发表的文章中进行了一个田野实验，该实验是2008—2009年在中国的万利达工厂进行的。实验随机将工人分为奖励组和惩罚组，这些工人的平均生产效率为350件/小时，实验给他们设定了400件/小时的目标。研究者对奖励组说，如果他们的生产件数达到目标，每人就可以额外得到80元的奖励；而对惩罚组说，如果达到目标件数，他们每人都将额外获得80元的奖金，但如果达不

---

[1] Baddeley M. Behavioral approaches to managing household energy consumption [J]. New Perspectives for Environmental Policies Through Behavioral Economics, 2016：213–235.

到目标件数，他们的奖金就会被扣除。结果发生了神奇的事情：奖励组和惩罚组的安排在本质上是一模一样的，只是说法不同，但这就使惩罚组的工作效率比奖励组高出1%，即在没有任何额外奖励的情况下，仅变换工资机制的说法，就能达到改变人们行为的效果。

2. 关于跨期选择

除了常常发生认知偏误，现实中人们还会因为缺少自控力而难以抵挡外界诱惑，或者由于惰性、拖延等做出不符合长远利益的行为决策，表现出有限的意志力，也被称为自控问题，而这背后的机制其实与跨期选择及当下享乐偏误相关。

行为经济学把涉及今天和明天的决策称为跨期选择，人们对于跨期选择有着不同的偏好，认为未来的消费给自己带来的效用低于当下同样消费所带来的效用，即今天吃一个苹果好过明天吃一个苹果。行为经济学将这种特征概括为，人们在时间偏好方面存在跨期不一致的现象，即赋予当下的效用更高的权重。时间偏好所涉及的决策范围很广，包括储蓄行为、计划与执行的差距以及截止日期前工作效率最高等。

其中，计划与执行问题非常普遍，它指的是人们的执行常常会偏离计划。例如，虽然办好了健身房的年卡，但一年到头去健身房的次数却非常有限。以此为延伸，人们决策中反映出的非理性特征还包括现时偏差、确定性效应及习惯性影响等。

现时偏差是指当下的成本和效益在决策中占更大权重。在决策时，人们认为发生在未来的事件较为抽象，发生在眼下的事件则较为具体，而具体的形式更能引起个人强烈的情感联想，因此往往在决策中更有分量。[1] 例如，任何一项环保行动的效果可能都需要一段时间才能显现，但采取行动当下的感受和付出却是非常直观的，人们有时会因为结果离自己太远而不愿意当下采取行动。

确定性效应是指确定的结果在决策中占更高的权重。在与环境相关的决策中，确定的是前期投入的成本，不确定的是未来的收益。人们常常会把确定的成本作为更重要的因素进行考量。

---

[1] Weber E U. Experience-based and description-based perceptions of long-term risk: Why global warming does not scare us (yet) [J]. Climatic Change, 2006 (77): 103–120.

习惯性影响是指个人习惯常常伴随隧道视野效应和惰性，就好像身处隧道中，只能看到前后狭窄的视野，表现为对新信息的兴趣下降，即使有更好的选择也仍坚持习惯的选择。① 习惯具有三种属性：一是通过重复性的行为形成；二是由稳定的场景（重复性无变化的物理、时间和社会场景）触发；三是习惯触发后可导致下意识的自动行为反应。个人在很多对环境有影响的日常消费行为中都具有很强的习惯性，如饮食、出行、资源能源消费、购物等。当人们养成开车的习惯后，向他们宣传少开一天车可以为环保做出贡献，可能对他们不能起太大的作用。②

此外，由于当下享乐偏误会带来自控问题，所以当人意识到自己存在这种偏误时，可能会寻找一些自我限制的工具，这种决策在新古典经济学意义上也许不是最优的，因为它限制了人的选择，但在考虑人的自控问题后，这种决策反而对人是有益处的。

---

① Verplanken B, Whitmarsh L. Habit and climate change [J]. Current Opinion in Behavioral Sciences, 2021（42）：42–46.

② Verplanken B, Aarts H, Knippenberg A, et al.. Habit versus planned behaviour：A field experiment [J]. British Journal of Social Psychology, 1998（37）：111–128.

心理账户就是这样一种理论。它是指在涉及财务事项时，消费者通常会对各类不同的家庭预算开支设立不同的心理账户，以控制支出。但在环保领域普遍存在的问题是，人们在计划使用资金时，会对不同的活动项目设置目标值，当人们把环保也作为开支的一项时，这个账户的金额设置可能是比较低的，从而导致人们在适应气候变化、防灾减灾等方面的投入不足。[①]

3. 关于概率判断

生活中，人们经常需要对一件事情发生的概率或某些事物的属性进行判断。如果说人们对于损失的厌恶以及在跨期选择中表现出的不一致性，是一种相对于理性人决策而发生的偏误，体现出个体不同的偏好特征，那么概率判断则是另一个更客观的维度，它不再是两者均可的主观倾向，而是与统计学中贝叶斯法则偏离，是一种对真实概率的错误判断，因此也更应该被纠正。由于人们掌握的信息有限，发生概率

---

① Kunreuther H, Meyer R, Michel-Kerjan E. Overcoming decision biases to reduce losses from natural catastrophes [J]. Behavioral Foundations of Policy, 2013: 398–413.

判断的偏误是很普遍的，研究者将这些概率判断偏误总结为两大类：一是忽略先验概率，二是小数定理。从后者又生发出两种具体表现，即赌徒谬误和热手谬误。

忽略先验概率是指，人们经常根据自己观察到的情况进行概率判断，而忽略一件事情原本的发生概率。比如，当看到有人扶起摔倒的老人反被讹诈的新闻时，人们就会认为扶老人被讹诈这种事情发生的概率是很高的。但事实上，这种事情会作为新闻被报道出来，恰恰从侧面反映了它可能并非一件非常普遍的事情。

从忽略先验概率直接得出的一类决策特征就是可得性启发式思考，它是指人们在判断事件发生的概率或频率时，常常会以个人经历或者容易记起的事件为依据。比如，可得性启发式思考导致人们在能耗判断上出现可预见的偏差，高估日常生活中经常操作、容易想到的电器（如电灯）的能耗，而低估不常操作的电器的能耗；[1]可得性启发式思考还会导致

---

[1] Schley D R, Dekay M L. Cognitive accessibility in judgments of household energy consumption [J]. Journal of Environmental Psychology, 2015（43）: 30–41.

人们对气候变化、自然灾害及相关风险的认识出现偏差,[1]比如对于过往较少发生地震的地区,人们认为未来也不太容易发生地震等。

小数定理是指,在统计学中事情发生的概率,往往要在事情重复发生多次后才能体现出来。但在现实中,人们常常认为一件事情每次发生时都应该体现它的统计学概率。比如在经典的掷硬币案例中,当一个人多次掷出正面时,他会认为按照50%的概率,下一次他大概率会掷出反面,这也就是所谓的赌徒谬误。而事实上,由于掷硬币的次数太少,因此多次掷出正面不代表下一次就更有可能掷出反面。另一个案例是,当一个人在掷骰子中多次猜对点数时,他可能觉得自己运气很好,下一次应该也能猜对,因而会继续猜下去,实际上他忽略了掷骰子背后的真实概率,而这也被称为热手谬误。

除了对外界事物进行概率判断,人们也会对自身行为进行概率判断,这时可能出现的偏误包括过度自信或过度自卑。行为经济学研究发现,在这两种偏误中,过度自信是更普遍的情况。欧拉·斯文森在1981年的一项实验室研究中发现,

---

[1] Sunstein C R. The availability heuristic, intuitive cost-benefit analysis, and climate change [J]. Climatic Change, 2006 (77): 195–210.

当受访者被问到他们认为自己的驾驶水平如何时，93%的人认为自己的驾驶技术高于中等水平，46%的人认为自己的驾驶水平可以排在前20%。可见，在驾驶技术上，大部分的人表现出过度自信。行为经济学家把过度自信的表现形式概括为三种：高估自己的绝对成绩，高估自己的成绩在与他人相比中的排序，以及高估自己判断的准确性。

当人们用自己现在的状态去预期未来的状态时，也会发生概率偏误，行为经济学把这种偏误称为投射偏误。在投射偏误下，人们往往会高估未来的效用与当下效用的相似度，低估自己对环境的适应情况。

综合以上关于对外界事物、对自身及对未来的概率判断特征，行为经济学进一步总结出人们在决策中存在的乐观偏差、显著性偏差、线性化启发式思维、信任启发式思维及框架效应等行为模式。

乐观偏差是指人们通常认为积极事件更容易发生在自己身上，消极事件更不容易发生在自己身上。例如，人们常常认为自己所在的地方受环境灾害的影响比其他地方小，自身受环境风险的威胁比他人小，此种想法阻碍了其采取环保行为。[1]

显著性偏差是指个人常关注最显著因素，而忽视不显著却同样重要的因素。例如，消费者在购买家电时，会更重视价格、性能等因素，但对于产品的能效水平却并不十分关心。然而从长期来看，节能也能为家庭带来相当可观的电费节约，这种显著性偏差使家庭对能效因素方面的考量并不充分。[2]

线性化启发式思维是指在面对复杂数量关系时，将变量之间的关系视为线性关系。例如，当车辆燃油效率用每加仑[3]行驶英里[4]数（美国车辆燃油效率的表示方法，简称MPG）表示时，人们常常错误地认为车辆油耗与燃油效率之间呈线性关系，由此低估淘汰燃油效率低的车辆的节能减排效果，但实际上，很多因素会影响车辆行驶中的实际燃油效率，如速度、载油量等，这个现象被称为MPG错觉。[5]

---

[1] Gifford R, Scannell L, Kormos C, et al.. Temporal pessimism and spatial optimism in environmental assessments：An 18-nation study [J]. Journal of Environmental Psychology, 2009 (29)：1–12.

[2] Kenneth G, Newell R, Palmer K. Energy efficiency economics and policy [J]. Annual Review of Resource Economics, 2009 (1)：597–619.

[3] 美制 1 加仑 ≈3.785 升。

[4] 1 英里 ≈1 609.344 米。

[5] Larrick R P, Soll J B. The MPG illusion [J]. Science, 2008 (320)：1593–1594.

信任启发式思维是指根据信息来源判断信息的有效性。例如，在美国明尼苏达州的隔热保暖节能改造项目中，与使用节能改造公司抬头纸的邮件相比，使用当地政府抬头纸并附有政府官员签字的邮件签约率更高，可达前者的 5.47 倍。[1] 在居民看来，使用政府抬头纸的邮件使项目的环保意义更可信，而不是商家获取收益的噱头。

框架效应是指人们对一个客观上相同问题的不同描述会导致不同的决策判断。例如，有研究发现，当碳排放附加费被称为碳抵消时，65% 的美国共和党人愿意支付更高的价格，而当其被称为碳税时，该比例下降为 27%。[2] 同样，人们厌恶"庇古税"，当"庇古税"被改称为"庇古费"后，其支持率明显提升。[3] 消费者愿意购买"燃油效率高"的车辆，而不愿

---

[1] Stern P C. What psychology knows about energy conservation [J]. American Psychologist, 1992 (47): 1224–1232.

[2] Hardisty D J, Johnson E J, Weber E U. A dirty word or a dirty world? Attribute framing, political affiliation, and query theory [J]. Psychological Science, 2010 (21): 86–92.

[3] Kallbekken S, Kroll S, Cherry T L. Do you not like Pigou, or do you not understand him? Tax aversion and revenue recycling in the lab [J]. Journal of Environmental Economics and Management, 2011 (62): 53–64.

意购买"燃油经济性好"的车辆。①

（二）人们的道德与声誉追求

经济学理论认为，个人行为的主要动机是追逐自己的利益，因此促进绿色低碳行为最直接的方法就是运用经济手段使绿色低碳行为在经济上更具有吸引力，或提高不可持续行为的成本。但行为经济学认为，人具有社会性偏好，不仅会关注自身，还会关注他人；不仅希望自己的好行为能够利己，还会发自内心地希望与他人形成互惠或公平关系。在现实生活中，人们确实也表现出了有限利己的特征，比如关心爱护自己的家人，以及对自然灾害中的受灾人群表现出悲悯心，希望去帮助他们，等等。

从人们愿意牺牲自我帮助他人的角度来看，采取绿色低碳行为可能是出于利他性的目的，此时引入经济激励反而可能使个人的决策动机从社会视角转向货币视角，降低其从环保行为中获得的内在满足感以及对引导组织的信任，尤其当

---

① Turrentine T S, Kurani K S. Car buyers and fuel economy? [J]. Energy Policy, 2007 (35): 1213–1223.

奖励金额较小时，更有可能减少个人的环保行为。[1]在有限利己的视角下，个人采取绿色低碳行为可能是出于遵守社会规范的诉求，或是追求更积极的自我形象、更高的声誉和地位等动机。

遵守社会规范是指，人是社会性动物，常常将自身与他人比较，通过观察他人的行为确定什么样的做法是正确的，并愿意和大多数人做出同样的决策。行为经济学的研究发现，通过第三方提供的信息直接或间接地感知他人的行为对人们采取行动会有很大的影响，这种随大溜的倾向可能是天生的，因为它符合现代人祖先的基本利益。人类天生是社会性动物，具有考虑他人偏好的洞察力，这可能是行为经济学对社会科学的关键贡献。[2]为了促进绿色行为，有很多方法可以利用人类的这一基本特性，比如通过赞成或反对的选择来传达某种社会规范，利用人们符合社会期待的欲望，从获得道德效用的角度激励绿色行为，更进一步地，也可以通过提供与同行、同辈的比较来反映这种社会规范。1986年发起的"别惹得州"

---

[1] Gneezy U, Rustichini A. Pay enough or don't pay at all [J]. Quarterly Journal of Economics, 2000 (115): 791–810.

[2] Gowdy J M. Behavioral economics and climate change policy [J]. Economic Behavior and Organization, 2008 (68): 632–644.

社会广告活动是减少在高速公路上乱扔垃圾行为最成功的绿色助推应用之一。据估计，这项活动在1986—1990年减少了美国高速公路上约70%的垃圾。"别惹得州"这一口号针对的是人们（尤其是年轻男性）的社区自豪感，将乱扔垃圾定位为"真正的"得州人无法接受的行为，[①] 人们将这种自我理解或社会认同内化成了某种特定的社会规范，进而去遵守执行。追求更积极的自我形象及更高的声誉和地位，则可以参考研究者在高成本信号理论和竞争性利他主义基础上提出的"炫耀性环保"概念，采取环保行为可以让人们获得类似于在商品匮乏年代通过购买奢侈品等炫耀性消费从而彰显财富和地位的效果；在行为具有较高的辨识度以及绿色产品价格高于非绿色产品的情况下，地位动机可以增加消费者对绿色产品的需求，降低价格反而可能减少绿色产品消费。

在追求更积极的自我形象方面，人们可以通过绿色消费展示个人亲社会的一面，为自己赢得声誉。社会形象是指，人们希望为他人留下好的印象，而好的印象会增加个人效用。

---

① Grasmick H G, Bursik R, Kinsey K A. Shame and embarassment as deterrents to non-compliance with the law: The case of an anti-littering campaign [J]. Environment and Behavior, 1991 (23): 233–251.

行为经济学认为，很多时候人们展示亲社会的行为，实际上是因为这些行为可以被看到，是为了不给别人留下不好的印象而采取的决策。例如，很多时候人们进行捐款可能是迫于社会压力，如果在捐款时没有人能看到他，他可能就不会捐款。因此，当一个人是真心实意地帮助别人时，这个行为能否被看到是没有影响的；但如果是出于社会形象的考虑，被看到就成为促进个人行为的一个很重要的因素。目前，面对环境破坏和气候变化，人们的担忧与日俱增，社会风尚发生变化，绿色低碳行为成为一种可能会提升自我形象的方式。而促成这种绿色低碳行为，或许就需要创造更多条件让这些行为能够"被看到"。

在追求更高的声誉或地位方面，绿色消费常常存在溢价，因此采取绿色消费能够显示个人较高的消费能力，在这方面的典型案例是普锐斯光环效应。普锐斯是丰田公司推出的一款混合动力汽车，是美国市场中最热销的车型之一。通过调查发现，车主购车的主要动机既不是节油，也不是低碳环保，而是向外界传递自己关心环境的信号。普锐斯独特的外观设计使他人从很远处就能辨识出这是混合动力汽车，而很多其他车型尽管在绿色性能方面与普锐斯不相上下，但辨识度却低得多。[1]

二、绿色助推：行为经济学下的解题思路

事实上，在经济学发展的初期，经济学家并不认为人一定是完全理性的。1776年，亚当·斯密在《国富论》中分析了人的自私自利行为，但在更早的1759年，他在另一本书《道德情操论》中，就已经系统性地分析了人的非理性行为。而今天很多行为经济学家研究所得出的结论，实际上与书中的很多观点不谋而合。

20世纪，新古典经济学采取理性人假设，将人的行为数学化，创造了一个伟大的科学研究范式，带动了整个经济学的繁荣。当时的行为经济学因为与主流的理性人假设发生偏离，处于一种艰难发展的状态。但在2008年全球金融危机之后，人们开始质疑，为什么主流的经济学家没有预测到金融危机，人的行为中是否有非理性的成分。当时，著名的行为

---

[1] Griskevicius V, Tybur J M, Van den Bergh B. Going green to be seen: Status, reputation, and conspicuous conservation [J]. Journal of Personality and Social Psychology, 2010 (98): 392–404.

金融学家罗伯特·希勒是为数不多预测到金融危机的人之一，自此行为经济学逐渐被人们重视起来，并用于分析实际的经济行为。

大数据时代的到来，使行为经济学迎来了新的繁荣。一方面，数字技术使个体决策能够被海量地记录下来，这为研究提供了丰富的数据支撑；另一方面，理解这些数据背后的个体决策机制，需要借助一个新的思考范式。

不管人们有没有意识到，从行为经济学角度来看，个人决策事实上都是按照一套自动的生物算法执行的。在大数据时代，算法可能比人类自身更了解人类，这时如果我们能够先于算法了解个人决策机制，就能够观察和超越它，开启自我觉知的大门，进而产生真正自由且理性的选择，避免受到各种外部因素的影响。

当前，行为经济学展现出巨大的活力。而本书更关注的是，心理学中有关经济学的见解能否被应用于改善生态领域，以及这样一个新领域对公共政策的制定意味着什么。接下来将首先介绍行为经济学如何影响企业和公共政策的制定，再进一步探讨在绿色环保领域，从行为经济学角度研究并提出的解题思路，即绿色助推理论。

三、绿色助推的具体方式

当讨论如何做决策时，人们常常是从做决策的方法入手，比如通过建立关于决策的相关专业知识、考虑体系中的复杂因素如何互相影响，以及建立跨学科思维等来提高决策质量。助推则提供了一个非常独特的视角，它不是从方法论入手，而是关注人们做决策时的环境。助推理论认为，仅通过改变人们做决策时的环境条件，优化选择框架，比如调整选项呈现的方式、顺序、位置等，就可以影响人们的选择。因此，助推理论所提倡的决策优化方案，实际上是寻找那些能够显著改变人们行为方式的因素，并围绕这些因素设计更好的选择体系，帮助人们形成更好的反馈系统，进而改进人们的行为。

环境条件的微小改变之所以能引起人们在行为上的巨大变化，是因为这些微小的细节改变了人们的注意力。心理学研究发现，人的决策系统实际上包含直觉和理性两种思维系统。其中，直觉思维系统反应迅速但不够准确，理性思维系统决策的质量更高，但需要主动控制，会占用人更多的思考资源。人们在做决策时，两种思维系统都会起作用，但是因为理性思维系统需要克服懒惰等障碍，所以往往是直觉思维系统占据主导地位。因此，助推是在承认人具有这些思维模式的基础上，通过改变一些环境条件，让原本复杂的理性思维过程在选出正确答案的方向上变得更简单，或者建立一些提醒机制，让人们意识到他们有必要克服当下的懒惰，从而引导人们做出更好的决策。在今天我们生活的时代，每个人都被各种选择包围着，没有办法对所有选择都做出深思熟虑的回答，但助推理论在保留人们选择权利的前提下，能实现让人们的饮食更健康、司机开车更安全、居民用电更环保节约等目标，或许人们也希望能在生活中获得这种对自身有益的改变。

结合之前讨论的非理性决策特征，我们把助推的具体方式分为调整认知和满足心理诉求两个方面。调整认知的助推工具是指，针对人们在选择中可能出错的环节提供支持和帮助，从而帮助人们进行正确的概率判断、在跨期选择中保持一致性，以及克服损失厌恶带来的决策偏误。满足心理诉求的助推工具则主要从人们的社会性需求入手，借助人们想要随大溜、追求声誉或地位的心理诉求，引导人们更自觉地做出正确的决策。在介绍各种助推工具后，本章还将沿两个方向进行延伸：一是讨论助推工具与传统经济激励等方式相结合的政策效果，二是介绍助推理论中被学术界关注的伦理问题。这些内容将在助推工具的具体应用中帮助优化政策制定的思路，以使助推达到更好的效果。

（一）认知型绿色助推工具

在绿色助推的工具箱里，有一些工具能够从人们决策中存在的惯性、障碍等局限性入手，通过选择框架的设置，帮助人们规避这些障碍，从而做出最优的决策。研究者把这些工具总结为绿色默认、生态反馈、提高显著性、消除障碍、改变习惯、设计激励等。其中，绿色默认、生态反馈、提高显著性等主要从克服人们认知不足的角度出发，通过巧妙地呈现决策信息、提高信息的可见性和显著性等方式，弥补人们的理性思维缺陷；消除障碍、改变习惯、设计激励等则主要从克服行为障碍的角度出发，通过提高绿色行为的便利性、把握调整习惯的时机、设计符合人性特征的激励等方式促进人们做出环保行为。

1. 绿色默认：人们对默认选项抱有好感

当面对的选项太多或太专业时，人们会因为经验或认知能力有限而陷入选择困难的境地。此时，如果能够把复杂的内容用更易于理解的方式呈现，或者将对人们更有利的选项设置为默认选项，将有助于引导人们更容易地做出正确的选择。绿色默认就是这样一种将绿色选项设定为默认选项的方式，它有助于增加人们选择绿色选项的机会，是最常用的绿色助推工具之一。

在理性人假设下，人们有明确的偏好，因此默认选项不会影响人们的决策，如果默认选项不符合偏好，人们就会直接退出或更改默认选项。但在现实中，人们一方面容易将默认选项视为推荐选项，且习惯性地对推荐选项抱有好感；另一方面，由于本身具有损失厌恶、惰性、信任启发式思维等倾向，而默认选项可以减少决策过程中的思考，因此人们时常更愿意按照默认选项做决策而不是主动选择，虽然这更增加了他们的有限理性。

绿色助推领域中的一个经典案例是，美国罗格斯大学在将校园内打印机的默认选项由"单面打印"更换为"双面打印"后，一个学期节约了 700 万张纸，相当于少耗费约 620

棵树。[1]无论是单面打印还是双面打印，对于学生的阅读体验可能并没有太大的影响，但带来的环保效果却是十分显著的，默认选项不仅没有恶化人们的体验，反而帮助他们做出了从长远来看对自己有额外收益的选择。

设置绿色默认已经被证明是绿色助推领域一项非常有力的工具，它的影响力甚至已被证明在很大程度上独立于已有的个人环境态度。[2]例如，迪内等（2011）在白炽灯和更节能的荧光灯之间进行选择的实验中，在将默认选项设置为荧光灯后，选择白炽灯的人数比不将荧光灯作为默认选项时下降了一半，充分证明了绿色默认在助推效果方面的威力。[3]兰德和特格尔森（2014）的研究发现，在把接受安装智能电表作为默认选项、不接受安装智能电表需要主动选择退出的情况下，智能电表的安装率远高于把不安装作为默认选项、接受

---

[1] Bonini N, Hadjichristidis C, Graffeo M. Green nudging [J]. Acta Psychologica Sinica, 2018：814–826.

[2] Vetter M, Kutzner F. Nudge me if you can—how defaults and attitude strength interact to change behavior [J]. Comprehensive Results in Social Psychology, 2016：8–34.

[3] Dinner I, Johnson E J, Goldstein D G, et al.. Partitioning default effects：Why people choose not to choose [J]. Psycology, 2011：332–341.

安装需要主动选择加入的情况,[1]对个人而言,他们可能并不了解安装智能电表的好处,但由于这是默认选项,人们习惯性地认为智能电表是有用的、被建议的。这就意味着,绿色默认可以突破人们对环保概念认知的局限,即使他们并不了解绿色行为是什么,也能依靠默认提示做出正确的决策。皮赫特和卡齐科普洛斯(2008)的研究让被试者想象自己在入住新公寓后需要在两家电力供应商之间做选择,当默认供应商是传统的更便宜的供应商时,只有41%的被试者选择环保但昂贵的供应商,而当默认选项设定为环保但昂贵的供应商之后,选择环保但更昂贵的供应商的比重提升至68%。[2]在这个实验中,绿色默认甚至让人们突破了对经济性的考虑,选择了具有环保价值却需要付出更高成本的选项,可见绿色默认的神奇之处。

研究者还发现,绿色默认方式的影响效果可能与一些外部条件相关。比如,当消费者的偏好较弱、对选择架构师

---

[1] Lander F, Thgersen J. Informing versus nudging in environmental policy [J]. Journal of Consumer Policy, 2014(37): 341–356.

[2] Pichert D, Katsikopoulos K V. Green defaults: Information presentation and pro-environmental behavior [J]. Journal of Environmental Psychology, 2008: 63–73.

（选项设置者）较信任，或者面对缺乏经验的领域、复杂的问题以及选项过多的情况时，默认选项的黏性更好，具有更强的持久性。但当默认选项与消费者的偏好明显不一致、消费者不信任选择架构师，或者在消费者认为自己是专家的领域时，默认选项可能不起作用。

在使用绿色默认这项助推工具时，考虑到它具有很强的引导性，政策制定者应该进行充分的成本效益分析，对可能产生较大外部影响及溢出效应的情况，不应仅考虑消费者个人的福利，还应通盘考虑成本效益。此外，由于低收入群体对默认选项的黏性更大，政策制定者在采取绿色默认进行干预时，还应充分考虑绿色默认选项对不同收入群体的分配效应，尤其应考虑工具使用后可能对低收入人群产生的影响，[①]避免因为选项设定不当，而将人们引向不利的境况。

2. 关于绿色行为，人们需要生态反馈

当人们的选择经过很长时间才能收到反馈时，选项与反

---

① Ghesla C, Grieder M, Schubert R. Nudging the poor and the rich—A field study on the distributional effects of green electricity defaults [J]. Energy Economics, 2020 (86).

馈结果之间的关系就没有即时反馈那么显著，这使人们很难建立起决策与结果的因果联系，此时，未来可能发生的结果也就难以在当下的决策中发挥影响力。因此，助推理论认为遇到长反馈周期的情况时，需要想办法把它拆解成能够及时反馈的阶段，这样人们进行当下行为调整的概率就会大得多。

生态反馈就是这样一种为个人行为提供及时的环境影响反馈的助推方式，它能够促进人们形成"绿色行为可以带来良好结果"等正确认知，减少因为思考局限而无法做出最优决策的情况。例如，虽然使用空调很费电，但由于人们每月只缴纳一次电费，空调使用和电费之间的关系并不那么明显，人们可能意识不到空调的用电量，也懒得及时调整空调的使用习惯。这时，如果让空调厂商做一个微小的调整，即在空调的显示面板上，不仅显示制冷的温度，还实时显示电费数，使人们明白空调使用和电费之间的关系，那他们调整使用习惯的概率就会大得多。学术界的很多研究为这种助推思路提供了佐证。杰索等（2014）组织的一项实验发现，当在家庭安装室内显示装置，并通过这个装置为家庭提供实时用电量、电价、电费等信息后，家庭在节电方面比之前表现得更出色。他们分析，实时反馈的信息能帮助家庭了解具体的用电行为与成本之间的关系,将原本被忽略的用电单价差别转化为具体且更显著的电费总价差别,增强了人们对节电影响的真实感受,[①]最终使他们走向了节电的绿色生活方式。费希尔(2008)在类似的实验中发现,当为家庭提供用能反馈后,家庭的节能量提高了5%~12%。[②]桑吉内蒂等(2020)指出,实验中安装车载生态驾驶反馈装置能够使燃油经济性提高约6.6%。[③]

此外,生态反馈还能够帮助人们认识到什么样的行为是对环境有益的,从而克服认知偏差,真正建立自主的环保选择。例如,蒂姆利特和威廉斯(2008)在英国开展的一项有关公共参与资源循环利用的实验中发现,通过提供垃圾分类行为正确与否的反馈,可以有效降低误投率。[④]所以,人们并

[①] Jessoe K, Rapson D. Knowledge is (less) power: Experimental evidence from residential energy use [J]. American Economic Review, 2014 (104): 1417–1438.

[②] Fischer C. Feedback on household electricity consumption: A tool for saving energy? [J]. Energy Efficiency, 2008 (1): 79–104.

[③] Sanguinetti A, Queen E, Yee C, et al.. Average impact and important features of onboard eco-driving feedback: A meta-analysis [J]. Transportation Research Part F: Traffic Psychology and Behaviour, 2020 (70): 1–14.

[④] Timlett R E, Williams I D. Public participation and recycling performance in England: A comparison of tools for behaviour change [J]. Resources Conservation and Recycling, 2008 (52): 622–634.

非不愿意进行垃圾分类,而是由于规则太繁杂难以执行,抑或他们曾经十分坚定地把垃圾投向了他们认为正确但实际错误的垃圾箱里。生态反馈最初主要应用于家庭节能领域,之后逐渐扩展至包括节水、垃圾回收等在内的更多消费行为上。

研究者将实现有效生态反馈的机制概括为关注、学习与动机,也就是说,有效的反馈首先要能够引起人们的注意,其次要能建立具体行动与环境影响之间的联系,最后激发行为动机,[1]发挥引导行为的效果。在整个生态反馈的过程中,人们逐步形成了正确的认知,减少了思考局限性造成的次优决策,或者提升了有价值信息的可见性,帮助人们关注到这些非常重要但是被忽略的内容,从而改变人们的习惯性行为。

除了建立有效的生态反馈机制,还可以关注影响反馈效果的因素,比如反馈频率、持续时间、颗粒度、反馈内容和呈现方式等。研究者发现,在反馈频率方面,即时反馈更有助于建立行动与影响之间的关系。在持续时间方面,较长一

---

[1] Sanguinetti A, Dombrovski K, Sikand S. Information, timing, and display: A design-behavior framework for improving the effectiveness of eco-feedback [J]. Energy Research & Social Science, 2018(39): 55–68.

段时间内持续提供反馈有助于形成新的行为习惯，反过来，这种持续反馈也能提高干预措施的持久性，即使未来干预措施停止，反馈的效果仍然可以持续。在颗粒度方面，高粒度的、针对性强的反馈有助于引起个体对具体行为的关注，建立具体行为与后果之间的联系，使个人有更大的控制感。例如，比起提供家庭整体用水用能的反馈，提供淋浴用水用能的反馈能够产生更好的节水节能效果。[1]在反馈内容方面，将科学性、理论性更强的信息转化为与人们日常生活更相关的信息会有助于理解，从而达到更好的效果。例如，在前文提到的杰索等（2014）组织的实验中，千瓦时等资源消耗的科学计量单位在被转化成电费金额后产生了更好的效果。在呈现方式方面，如果涉及的货币金额较小，个人可能反而失去节能动力，此时如果给出环境影响反馈（如碳排放量[2]等），可能有助于提高人们的关注度；抑或进一步将数字信息转化

---

[1] Tiefenbeck V, Goette L, Degen K, et al.. Overcoming salience bias: How real-time feedback fosters resource conservation [J]. Management Science, 2018（64）：1458–1476.

[2] Dogan E, Bolderdijk J W, Steg L. Making small numbers count: Environmental and financial feedback in promoting eco-driving behaviours [J]. Journal of Consumer Policy, 2014（37）：413–422.

为符号，如将碳排放量转化成对应的植树量等更直观的表现形式；[1]或者将油耗信息以生态树的形式呈现出来等，可能有助于增强反馈的效果。

3. 提高显著性可以帮助人们克服认知偏差

心理学研究认为，个人决策的理性程度受选项复杂程度的影响。因此，助推理论提出提高显著性这一工具，通过简化选择框架、突出重要信息来帮助人们做出正确的选择。一般而言，提高显著性包括几种不同的方式，如减少信息数量、简化信息内容，以及改变产品属性的信息呈现方式等。

减少信息数量有助于提高显著性，是因为当个人面对过多的选择或信息时，往往会出现信息过载，导致其忽略真正重要的内容。通过减少产品属性的数量、简化信息内容，可以突出最需要人们关注的重要属性。

简化信息内容是指，由于人们常常将注意力放在容易解读的信息上，可以将产品的重要属性简化成易懂的信息，降

---

[1] Sanguinetti A, Dombrovski K, Sikand S. Information, timing, and display: A design-behavior framework for improving the effectiveness of eco-feedback [J]. Energy Rresearch & Social Science, 2018（39）: 55–68.

低信息处理的成本，使人们更容易做出决策。例如，通过划分等级或贴标签（如能效标签、燃油效率标签等）的方式展示能效水平信息，可以提高产品的可比性，使人们更容易在同类型的不同商品中选出更符合绿色导向的那一个。在我们所熟悉的家电采购场景中，市场上的家电商品一般都会在明显的位置标识节能水平，人们很容易知道一级能效标签的商品比二级能效标签商品的节能效果更好，而不用通过查阅产品说明书去了解不同商品的具体能耗数值，相较过去在不了解具体信息的情况下盲目做出的选择，能效标签让人们采取绿色消费行为变得更加容易。

通过改变产品属性的信息呈现方式提高重要属性的显著性，可以进一步细分为改变产品属性的分类方式、改变信息的呈现顺序、放大度量尺度，以及进行属性转化等。

改变产品属性的分类方式是指将重要属性单独作为一个类别呈现出来，以提升它的类别层级，进而提高人们对这项属性的关注度。马丁和诺顿（2009）在发表的文章中指出，[①]与传统的将汽车燃油里程和安全性、保修等多个属性归为一

[①] Martin J M, Norton M I. Shaping online consumer choice by partitioning the Web [J]. Psychology & Marketing, 2009（26）: 908–926.

类（实用性类别）的分类方式相比，将汽车燃油里程单独作为一个类别呈现，会提高个人在进行买车决策时对该项因素的关注度与考量权重。

改变信息的呈现顺序是指将重要信息放在优先位置呈现，利用人们注意力最集中的时刻，提高正确选项被选择的概率。克鲁兹（2018）的一项研究证明，将素食放在菜单前列可以促使消费者更多地选择素食。[1]由于素食的生产过程远比肉食更加低碳，因此一个简单的调整菜单的行为，就可以起到环保的效果。

放大度量尺度是指在呈现较为重要的量化内容时，可以放大数值的度量尺度以提高人们的重视程度。例如，有研究发现，在选择购买具有不同燃油效率的汽车时，当燃油效率以10万英里油耗为单位呈现时，由于数值较大，消费者更倾向于选择燃油效率较高的车型，但当燃油效率以百英里为单位呈现时，不同车型的油耗数值看上去差异不大，对消费者

---

[1] Kurz V. Nudging to reduce meat consumption：Immediate and persistent effects of an intervention at a university restaurant［J］. Journal of Environmental Economics and Management，2018（90）：317–341.

的决策影响也较小。[1]

进行属性转化是指将内容以个人更关注的视角呈现。例如,通过将车辆油耗等信息转化成油费或碳排放量,可以引起消费者对汽车燃油效率属性的关注,[2] 进而增加他们购车时在油耗信息方面的考量。

4. 为培养绿色行为消除障碍

现实中,由于人们的惰性和拖延的习惯,看似很小的障碍也能阻碍他们转向绿色低碳行为,所以消除绿色低碳行为可能面临的各类障碍,使绿色低碳行为尽可能轻松简单,也是常见的绿色助推工具。与之相对的是,给不可持续行为增加障碍也可以引导消费者转向绿色低碳行为。

节能改造场景下的典型案例是英国的阁楼隔热保暖节能改造项目。[3] 英国政府号召居民进行住房隔热保暖改造,改造

---

[1] Camilleri A R, Larrick R P. Metric and scale design as choice architecture tools [J]. Journal of Public Policy & Marketing, 2014(33): 108–125.

[2] Johnson E J, Shu S B, Dellaert B G C, et al.. Beyond nudges: Tools of a choice architecture [J]. Marketing Letters. 2012(23): 487–504.

[3] Valatin G, Moseley D, Dandy N. Insights from behavioural economics for forest economics and environmental policy: Potential nudges to encourage woodland creation for climate change mitigation and adaptation? [J]. Forest Policy and Economics, 2016(72): 27–36.

后的建筑可以减少使用过程中的保暖能耗，为家庭节约开支。尽管在项目初期英国政府提供了大额补贴，并进行了广泛宣传，但参与者仍寥寥无几。当节能改造公司提出在隔热保暖改造的同时提供阁楼清理服务后，尽管居民须支付更高的费用，但项目的参与人数却增加了5倍。这个案例很好地反映了人们在决策中的非理性特征，节约家庭能耗开支甚至获得购买补贴却不如阁楼清理服务有吸引力，哪怕增加的这项服务还需要居民自己负担费用。我们只需要站在旁观者的角度仔细思考一下，就能发现这件事情的不合理之处。但现实就是这样，一项服务仅因为消除了阻挡人们进行决策的障碍，就成功改变了人们的绿色节能改造行为。

垃圾分类场景的案例来自安多和戈瑟兰（2005）的研究。[1]他们发现，参与或未参与垃圾分类回收的居民在意愿和态度上并无太大的差别，影响他们做出不同决策的主要原因在于周围环境是否能为他们进行垃圾分类回收提供便利。因此，降低分类的细致程度、调整垃圾收集时间、缩短居民房屋与垃圾回收点的距离、提供垃圾桶等做法可以有效提高居

---

[1] Ando A W, Gosselin A Y. Recycling in multifamily dwellings：Does convenience matter? [J]. Economic Inquiry, 2005（43）：426–438.

民的参与率。同时，提升可回收物和厨余垃圾的收集频率，降低其他垃圾的收集频率，不愿进行垃圾分类的家庭只能长时间将垃圾堆放在家中，反过来可以促使这些家庭主动将可回收物和厨余垃圾进行分类。这个案例充分体现了助推方式的"聪明"之处，垃圾分类没有改变，但是更容易为人接受的信息以及看似无关的垃圾收集条件却影响了人们的行为，这让人不由得感叹，原来人们与正确决策之间真的只有"轻轻一推"的距离。

绿色餐饮方面的案例来自蒂亚加拉贾和格蒂（2013）的一项研究，[1]他们发现，自助式餐厅无托盘化会增加消费者取餐的难度，继而被证明可以显著减少餐厅食品的浪费。

5. 改变习惯需要把握时机

很多不可持续行为具有很强的习惯性，要干预习惯性行为，抓住或创造行为改变的最佳时机很重要。研究认为，当人们的生活环境发生变化，例如在生活的某些新开端时期，

---

[1] Thiagarajah K P R, Getty V M M R. Impact on plate waste of switching from a tray to a trayless delivery system in a university dining hall and employee response to the switch [J]. Journal of the Academy of Nutrition and Dietetics, 2013（113）: 141–145.

进行习惯干预可能更加有效。这是由于，当生活环境发生变化时，人们原有的习惯可能被打破或暂时性中断，这个空档为人们养成新的习惯提供了重要契机。例如，维普兰克和罗伊（2016）的现场实验表明，旨在推动绿色消费行为的干预措施对于刚搬家的人群更有效，干预的窗口期可以持续到搬家后的3个月。[①]

在新开端时期进行干预更有效的另一个原因在于，在新一周、新学期开始的时候，抑或在生日、节日等重要节点，人们通常会有更大的决心克服自己有限的意志力来改变旧习惯，因此将这些新开端作为行为干预的重要契机，[②]可以达到更好的效果。

但新习惯的形成需要时间，因此，针对行为改变的干预措施也需要持续足够长的时间，直到旧习惯彻底消失，新习惯被充分培育。沃克等（2015）的研究表明，工作地点发生

---

① Verplanken B, Roy D. Empowering interventions to promote sustainable lifestyles: Testing the habit discontinuity hypothesis in a field experiment [J]. Journal of Environmental Psychology, 2016（45）：127–134.

② Dai H, Milkman K L, Riis J. The fresh start effect: Temporal landmarks motivate aspirational behavior [J]. Management Science, 2014（60）：2563–2582.

变化可以为改变通勤模式、鼓励少开车提供机会，但搬家 4 周后旧习惯也不会完全消失，可见确立绿色出行的新习惯需要一定的时间，仅 4 周是远远不够的。[①]

6. 设计与人们的行为特征相契合的激励方式

在推动人们朝某个特定的方向进行决策时，政策制定者常常为希望被采纳的选项增添一些激励措施，比如通过价格折扣促销某种商品，或者通过年终奖激励员工更勤奋地工作等。设计激励助推是指在制定干预措施时，由于充分考虑了个人的行为偏差特征，如损失厌恶、框架效应、乐观偏差、现时偏差、惰性和拖延等，而有意调整了某些激励的表现形式，从而达到比传统激励方式更优的效果。

由于人们普遍具有损失厌恶和框架效应特征，"失"比"得"对人的触动更大，因此在设计激励时，根据这一特征可以采取的助推策略是，将激励的形式由"得到"改为"失去"，从而引起人们更强烈的反应。例如，罗兰等（2012）进

[①] Walker I, Thomas G O, Verplanken B. Old habits die hard: Travel habit formation and decay during an office relocation [J]. Environment and Behavior, 2015 (47): 1089–1106.

行了一项研究,他们对一组教师按照学生的年末成绩发放奖金,而对另一组教师在年初就提前发放奖金,但如果学生的年末成绩不理想,教师则需要将奖金退回。结果发现,后一组教师的学生成绩提高得更加明显。① 这项研究生动地反映了可能失去奖金的结果对教师的触动比得到奖金更大,尽管从本质和金额上看,发放奖金这件事对两组教师没有任何区别。

还有一种激励方式是根据人们的乐观偏差设计的。由于人们常常高估中奖等小概率事件的可能性,因此当提供的货币激励金额较小时,采用抽奖的形式可能会更好地鼓励消费者参与到绿色行为中。

针对个人的现时偏差特征而设计激励方式的思路是,更强调人们采取决策时的成本收益。例如,为了让个人进行节能改造,或者促进企业进行气候适应投资,最好的方式是为个人和企业提供低息或无息贷款,用于支持前期的投入,而不是强调未来的收益,因为人们对未来的感知力是远远小于当下的。

---

① Roland G, Fryer J, Levitt S D, et al.. Enhancing the efficacy of teacher incentive through loss aversion: A field experiment [J]. Nber Working Paper, 2012.

针对人们的惰性和拖延的问题，设计激励的重点在于，一定要为激励设定一个截止日期。只有这样，人们才更有动力克服当下的惰性，并尽快采取行动。

（二）心理诉求型绿色助推工具

与认知型绿色助推工具解决人们的直觉思维偏差问题不同，心理诉求型绿色助推工具解决的是人们知道该怎么做，但是由于懒得做或忘记做等而没有做出正确决策的问题。助推工具利用一些心理学的技巧，为绿色行为增加了额外的动机，这些动机为绿色行为赋予了更多社会性的价值，从而表现出强大的助推效果。

一般而言，人们的这些心理诉求包括更愿意随大溜，追求更好的自我形象和更高的声誉与地位等，相应的助推工具包括为人们提供某些关于社会规范的信息，让人们知道主流的行为模式是怎样的，以及让人们在采取绿色行为的同时做出明确的承诺，或是提高绿色行为的可见性，因为这些方式在很大程度上迎合了人们追求身份、地位认同的心理诉求。

1. 人们更愿意随大溜

提供社会规范是指向个人强调或明确在给定情形下，社会广泛接受的行为标准是怎样的，从而达到影响人们行为的目的，是一种最常用的绿色助推工具，被广泛应用于鼓励垃圾分类回收、减少乱丢垃圾、购买生态产品、购买混合动力汽车、安装太阳能光伏面板、减少私家车使用、调低采暖季室温等方面。①具体而言，社会规范可分为描述性社会规范和命令性社会规范两种类型。其中，描述性社会规范告诉人们在给定情形下大多数人会怎么做，命令性社会规范告诉人们在给定情形下被社会认可的行为是什么。

现实中，由于人们具有社会偏好，因此往往倾向于使自身行为接近大多数人的行为，此时，有效传递正面的"大家都在做什么"的信息有助于引导消费行为朝环保方向发展。戈尔茨坦等（2008）在美国一家连锁酒店开展的为期80天的现场实验，为提供社会规范的助推效果提供了证明。实验中，顾客被随机分为实验组和对照组。其中，实验组顾客的酒店浴室内会被放置一张纸条，提示在过去3个月内，共有75%

---

① 王帅. 绿色助推的研究进展及启示［J］. 阅江学刊，2021，13（4）：86-103.

的顾客参与了"入住期间毛巾循环使用"的活动；对照组顾客的浴室内没有这张纸条，他们仅被提醒重复使用毛巾对环境的好处。结果发现，对照组顾客的毛巾重复使用率约为35.1%，而实验组顾客的毛巾重复使用率却达到了44.1%。[①] 可见，告知顾客环保行动这一信息发挥了作用，使更多的顾客愿意做出正确的选择。

另一家位于美国弗吉尼亚州阿灵顿县的名为 Opower 的公司及其合作的能源供应商，为了引导消费者节约能源，提供了一项可能是迄今为止最著名的关于描述性规范助推的现场实验。这项实验始于 2008 年，美国约 60 万户家庭参加。其中，实验组的家庭至少每季度会收到一次家庭能源报告，内容包括他们的能源使用情况与邻居的对比，对照组的家庭则只会收到反映他们自身能源使用情况的报告。结果发现，实验组用户平均实现了基线使用量 1.4%~3.3% 的能源节约，而这种节能减排效果，与采取一项 11%~20% 的短期能源价格上

---

① Goldstein N J, Cialdini R B, Griskevicius V. A room with a viewpoint: Using social norms to motivate environmental conservation in hotels [J]. Journal of Consumer Research, 2008: 472–482.

涨和一项5%的长期价格上涨[1]的价格调整政策的效果是相近的。在这项实验中，与邻居行动的对比在某种程度上就属于符合描述性规范特征的信息，它成功地将人们的注意力吸引到节约能源的社会规范中，达到了良好的助推效果。

但需要注意的是，描述性社会规范在传递负面信息时可能会适得其反，此时选择命令性社会规范，明确告知规则禁止的行动可能会取得更好的效果，命令性社会规范通常会说明在各自的社会文化背景中，哪些行为构成普遍（不）认可和可能（不）被认可的行为。例如，恰尔迪尼（2003）在美国国家公园开展的实验中发现，强调窃取石化木事件频发反而会增加这种破坏环境的行为，这种信息呈现方式就属于描述性社会规范的范畴，但如果将表述改为"公园禁止窃取石化木"的命令性社会规范形式，就会取得更好的助推效果。[2]

还有一些研究发现，有时仅运用描述性社会规范可能会导致回返效应，即无论是表现更优还是更差的那一方都会向平均水平靠拢，但此时如果能同时使用描述性和命令性社会

---

[1] Allcott H. Social norms and energy conservation [J]. Public Economics, 2011 (95): 1082–1095.

[2] Cialdini R B. Crafting normative messages to protect the environment [J]. Current Directions in Psychological Science, 2003 (12): 105–109.

规范来传递同一信息,则能够产生更大的影响力。舒尔茨等(2007)提供了相关的实验证据,他们发现在收到家庭用能(用水)报告后,不仅用能量(用水量)低的家庭会向平均水平靠拢,用能量(用水量)高的家庭也呈现向平均水平靠拢的趋势;但当他们同时对节能量(节水量)高的家庭给出"笑脸"以示肯定,对节能量(节水量)低的家庭给出"哭脸"表示否定后,就一定程度上避免了回返效应,[①]这使大部分家庭在节能(节水)方面都表现得更好。

从社会规范助推的运用效果来看,大量研究发现,运用社会规范鼓励环保行为具有较好的成本效应,且具有一定的持久性。布伦特等(2015)测算了两家水务公用事业公司提供家庭用水报告鼓励家庭节水的效果,两家公司通过社会规范助推实现节省1 000加仑水的成本分别为2.61美元和1.73美元,相当于将水价分别提高13.6%和14.5%。[②] 舒尔茨

---

① Schultz P W, Nolan J M, Cialdini R B, et al.. The constructive, destructive, and reconstructive power of social norms [J]. Psychological Science, 2007 (18): 429–434.

② Brent D A, Cook J H, Olsen S. Social comparisons, household water use, and participation in utility conservation programs: Evidence from three randomized trials [J]. Journal of the Association of Environmental and Resource Economists, 2015 (2): 597–627.

（1999）对垃圾回收开展实验，实验组收到所在小区家庭平均回收情况的反馈，对照组只收到自身回收情况的反馈，结果发现，实验组在干预期内参与垃圾回收的频率及收集的可回收物总量均显著增加，且在实验结束后，干预措施对对照组的影响效果逐渐减弱，对实验组的效果则继续增强。[1]奥尔科特和罗杰斯（2014）的研究认为，在节能领域，行为影响虽然是积极的，但很难持续，并提出了行动和倒退的周期性模式。针对这种情况，接受者需要获得持续的助推，从而用足够长的时间养成相应的节能习惯。[2]

在设计具体的助推方式时需要注意，当参照群体表现出的相似性越高时，干预效果往往越好。例如，在格拉费奥等（2015）设计的实验中，当告诉实验组参照的社会规范对象时，助推效果会比不告诉他们参照对象时更好；当告诉实验组，形成某项社会规范的群体来自与他们相同的小区时，助

---

[1] Schultz P W. Changing behavior with normative feedback interventions：A field experiment on curbside recycling [J]. Basic and Applied Social Psychology，1999（21）：25–36.

[2] Allcott H，Rogers T. The short-run and long-run effects of behavioral interventions：Experimental evidence from energy conservation [J]. American Economic Association，2014（104）：3003–3037.

推效果会比这个群体来自与他们不同的小区好。[1] 这是由于，有明确的参照对象比没有明确的参照对象让我们感觉与对方更相似，比如我们的邻居会比其他小区的居民让我们感觉更相似。

与此同时，研究也发现，社会规范的效果具有异质性，不同人群对同一社会规范产生的反应可能完全不同。通常来说，干预对象对决策事项的关心程度越低，干预效果可能反而越好；如果个人对某个话题特别关心，可能促使他们使用中心路径处理信息，相应地弱化社会规范对他们的暗示影响。[2] 换言之，人们对于他们特别关心的话题，会以抓住核心问题的方式来进行理性思考，若直接告诉他们大多数人是怎么做的，可能无法影响他们的决策，因为他们会动用理性思维来思考问题。科斯塔和卡恩（2013）的研究还发现，节能助推的有效性取决于给定的家庭是支持民主党还是共和党。向受访家庭提供自己和邻居用电量的比较结果，能降低支持

---

[1] Graffeo M, Ritov I, Bonini N, et al.. To make people save energy tell them what others do but also who they are: A preliminary study [J]. Frontiers in Psychology, 2015（6）: 1287.

[2] Göckeritz S, Schultz P W, Rendón T, et al.. Descriptive normative beliefs and conservation behavior: The moderating roles of personal involvement and injunctive normative beliefs [J]. European Journal of Social Psychology, 2009（40）: 514–523.

民主党自由派居民的用电量,但在支持共和党的保守派家庭却有所反弹,其用电量反而升高。[1]因此,意识形态似乎调解了对同伴比较型绿色助推的响应,指示政策的使用者在制定助推方式时需要考虑群体的特殊性。

提供社会规范的助推方式,不仅在于呼吁社会循规蹈矩,还在于鼓励人们通过向他人表明自己的环保行为,刺激社会地位竞争,这种表达性的行为涉及人们的自我形象,是人们想要向同龄人或其他人发出他们价值观和承诺的信号,这种愿望最终会影响人们的选择。比伦和扎斯卡拉基斯两位学者在2015年发表的文章[2]中,围绕人们这种对社会地位的渴望,讨论了两种可以利用的方式:一是在相关的同龄群体中传播一种流行的特定社会规范;二是通过竞争方式奖励社会规范得分最高的人。结果发现,在与环境相关的行为背景下,实施某种竞争是一种非常有效的绿色助推方式。

---

[1] Costa D L, Kahn M E. Energy conservation nudges and environmentalist ideology: Evidence from a randomized residential electricity field experiment [J]. Journal of the European Economic Association, 2013(11): 680–702.

[2] Bühren C, Daskalakis M. Do Not Incentivize Eco-friendly Behavior—Go for a Competition to Go Green! [C]. MAGKS Discussion Paper Series, 2015(34).

2. 做出承诺后的行动更容易落实

人具有保持一致性、维护个人积极形象的需求，因此让人们做出承诺是推动环保行为的有效方式。承诺可以在不改变环保态度的情况下促进环保行为，随着环保行为的持续，环保态度也会发生积极的改变。研究显示，做出承诺在节能、垃圾分类回收、资源重复利用、绿色出行等方面都能带来行为上的改变，而且效果持久。

从效果上看，书面承诺的效果优于口头承诺，个人承诺的效果优于集体承诺。相比宽泛的环保承诺，要求人们做出针对具体行动的承诺更难，但是针对具体行动的承诺比宽泛的环保承诺能更好地促进行为改变。此外，公开承诺的效果优于私下承诺，因此将承诺公开、提高承诺的可展示性能够进一步强化承诺的效果。例如，巴卡－莫特斯等（2013）的研究[1]发现，当做出承诺的酒店房客获得可以佩戴的"地球之友"领针后，他们重复使用毛巾的概率及次数均高于没有获得领针的对照组，说明领针一方面可以提醒承诺者，另一方

---

[1] Baca-Motes K, Brown A, Gneezy A, et al.. Commitment and behavior change: Evidence from the field [J]. Journal of Consumer Research, 2013 (39): 1070–1084.

面可以向他人发出信号。

3. 人们希望绿色行为被看见

提高可见性是指在公众面前更多地展示个人绿色低碳行为，其包含的方式多种多样，除了最常规的使绿色行为"被看见"，"被看见的感觉"也能够增加环保行为。

桑斯坦（2014）发现，人们虽然知道燃油效率高的汽车有节约燃油的效果，但无法真正预估长期使用不同效率汽车的耗油量差别，在做决策时对这一因素并不重视。通过设计标签使汽车的燃油效率信息更加突出，如改变数据的呈现量度，将每千米耗油量改为每50千米耗油量，或者将不同效率汽车长期使用的耗油量差别以具体数据的形式呈现出来，可以提高用户的重视程度。[①] 在约里等（2013）对电力需求侧响应项目的现场实验中，业主参与率的增长幅度是租户的4.7倍，这仅是因为业主比租户更加稳定，邻里关系对其更加重

---

① Sunstein C R. Why Nudge? The politics of libertarian paternalism [M]. New Haven：Yale University Press，2014.

要。① 另外，带有眼睛的图片使人们觉得被看见，能够促使他们在就餐后带走餐桌上的垃圾。②

增加绿色产品的生态标签也是一种典型的提高可见性的方式。生态标签是指向人们提供环保产品的特性信息，使人们更清楚地认识它们，从而影响行为，这样做的关键在于信息被人们看见。生态标签还赋予与环境相关的特征一定的社会价值，可以用来传达社会规范，从而激发人们随大溜的心理，使人们的行为被别人看见。麦肯齐-莫尔（2000）的研究发现，承诺堆肥（利用餐厨垃圾、农作物秸秆、杂草等堆制腐化而形成有机肥料）的家庭将自家垃圾桶贴上贴纸，可以增加堆肥这类不易被看到的活动的可见性，在社区建立将有机垃圾用于堆肥的社会规范。③ 阿克布卢特-尤克塞尔和布

---

① Yoeli E, Hoffman M R, et al.. Powering up with indirect reciprocity in a large-scale field experiment [J]. Proceedings of the National Academy of Sciences, 2013 (113): 10424–10429.
② Ernest-Jones M, Nettle D, Bateson M. Effects of eye images on everyday cooperative behavior: A field experiment [J]. Evolution and Human Behavior, 2011 (32): 172–178.
③ Mckenzie-Mohr D. Promoting sustainable behavior: An introduction to community-based social marketing [J]. Journal of Social Issues, 2000 (56): 543.

拉托夫在2021年发表的研究报告[1]中也证实，加拿大实行透明垃圾袋政策（居民仅一袋垃圾可装在不透明的垃圾袋中以保护隐私，其余垃圾必须装在透明的垃圾袋）后，垃圾分类回收量增加了15%，固体废弃物量减少了27%。

按照传统的理解，个人在购买商品和服务时会做出理性选择，为他们提供额外的信息会改善他们的选择。然而在现实世界中，事情并没有那么简单。一方面，人们可能会执着于日常生活和习惯而不愿意改变；另一方面，由于认知的局限性，人们可能对产品的某些特性产生偏见。此时，设计合适的生态标签，从认知、道德等多个层面产生助推效果，有可能弥补个人非理性决策的缺陷，同时发挥道德激励作用，从而改善个人行为。

目前，提高绿色低碳行为的可见性已被应用在鼓励节能、促进选择绿色产品、促进垃圾分类回收、增加对国家公园的捐款等方面，社交媒体已成为展示绿色低碳行为的重要平台。

---

[1] Akbulut-Yuksel M，Boulatoff C. The effects of a green nudge on municipal solid waste：Evidence from a clear bag policy［J］. Journal of Environmental Economics and Management，2021（106）：102–404.

四、绿色助推与传统方法相结合

与法律法规、宣传教育、经济激励等传统干预方式相比，绿色助推有其独特优势（见表4-1）。与法律法规相比，绿色助推主观上不强制，保留了人们的自由选择权；与宣传教育相比，绿色助推并不寄希望于通过提高个人的环保意识间接影响其行为，而是直接作用于行为，在这个过程中个人的节能环保意识可能并未发生明显变化，但行为却进行了调整；与经济激励相比，绿色助推关注一些在标准经济学中被认为是无关的、在政策设计中常被忽视的因素，以较低的成本影响个人的行为选择。

表4-1 与传统干预方式相比，绿色助推的优势与案例

传统干预方式	绿色助推的优势	案例
法律法规	不具有强制性，保留了人们的自由选择权，是一种柔性干预方式	1. 绿色默认：将购电默认选项由"灰电"改为"绿电"，可以增加选择"绿电"的用户数量，但并不会剥夺用户更改默认选项的权利 2. 生态反馈、社会规范、做出承诺：并不限制用电

续表

传统干预方式	绿色助推的优势	案例
宣传教育	直接作用于行为，有效避免态度行为缺口，使消费者在不知不觉中转向绿色低碳行为	1. 绿色默认：将打印机默认选项由单面打印更改为双面打印可以减少用纸量 2. 社会规范：告诉用水大户小区平均用水量可以促进节约用水
经济激励	在一些情况下，效果优于经济激励，更易于实施，持久性也更好	心理账户：从标准经济学角度出发，想要降低用电需求就需要提高电价；但对北爱尔兰家庭的实验发现，在电价不变的情况下，因为心理账户的效应，把最小充值金额从2磅上调至15磅后，家庭用电量下降

资料来源：Sunstein C R, Reisch L A. Automatically green: Behavioral economics and environmental protection [J]. Harvard Environmental Law Review, 2014 (38): 127-158；王帅. 绿色助推的研究进展及启示 [J]. 阅江学刊, 2021, 13 (4): 86-103。

在很多研究中，将绿色助推与传统干预方式中的经济激励相结合，可能取得优于单独采取一种措施的效果，其原因包含以下三方面。

第一，绿色助推和经济激励可以在目标人群中形成互补，对价格敏感的人群通过经济激励产生效果，其他群体则通过绿色助推产生效果。研究认为，对经济激励反应最大的群体可能是能耗较低的群体，他们也往往是对社会规范反应最小的群体。费拉罗和普里斯（2013）发现，社会规范对用水量大的家庭效果最好，而用水量大的家庭往往是对水价最不敏感的人群。[1]

第二，价格信号可以明确绿色行为的引导方向，而绿色助推可以提高人们对价格的重视程度，从而强化价格信号的作用。例如，实施动态电价可以使家庭高峰时段用电量最高减少7%，如果在动态电价的基础上提供实时电价、用电量和电费等信息反馈，则可使家庭在高峰时段用电量减少8%~22%，进一步提高家庭用户对动态电价的价格需求弹性，改善动态电价的调节效果。[2]

第三，绿色助推通过提高关键信息的显著性增强人们的参与动力，减少人们参与经济激励项目的障碍，从而提高经济激励项目的参与度。奥尔科特和罗杰斯（2014）发现，收到家庭用能报告的家庭比没有收到家庭用能报告的家庭更有

---

[1] Ferraro P J, Price M K. Using nonpecuniary strategies to influence behavior: Evidence from a large-scale field experiment [J]. Review of Economics & Statistics, 2013 (95): 64–73.

[2] Jessoe K, Rapson D. Knowledge is (less) power: Experimental evidence from residential energy use [J]. American Economic Review, 2014 (104): 1417–1438.

可能参与节能补贴或低息贷款项目。[1]

但在一些情况下，绿色助推与经济激励并用可能会产生挤出效应。例如，苏达山（2017）对印度家庭开展的随机对照实验[2]以及佩莱拉诺等（2017）对厄瓜多尔家庭用电量的研究[3]均发现，单独采用社会规范或经济激励都可以减少家庭的能源消费，但两种干预方式并用却不能对家庭能源消费产生影响，甚至在印度的案例中，同时使用两种干预方式反而使居民的用电量增加了。因此，苏达山在报告的最后建议，在制定相关政策时，应首先进行对照组与控制组实验，对实验结果进行恰当评估，避免产生挤出效应。

作为一种激励绿色消费及生活方式的政策设计，碳账户一方面嵌入了培育绿色低碳生活文化的宣传教育内容，另一方面尝试通过交易、政策及商业激励等为个人绿色消费行为

---

[1] Allcott H, Rogers T. The short-run and long-run effects of behavioral interventions：Experimental evidence from energy conservation［J］. American Economic Association，2014（104）：3003–3037.

[2] Sudarshan A. Nudges in the marketplace：The response of household electricity consumption to information and monetary incentives［J］. Journal of Economic Behavior & Organization，2017（134）：320–335.

[3] Pellerano J A，Price M K，Puller S L，et al.. Do extrinsic incentives undermine social norms? Evidence from a field experiment in energy conservation［J］. Environmental and Resource Economics，2017（67）：413–428.

提供货币奖励,更重要的是,碳账户的设计理念实际上已经融入绿色助推的原理。例如,将个人的步行、骑行及共享出行行为进行统计并量化为具体的碳减排量,就属于典型的生态反馈助推方式;为激励设置金额和时间限制,就是充分考虑到人具有惰性和拖延的特征;或者采用抽奖的方式发放激励,就是考虑到人具有乐观偏差;设置绿色消费行为打分及排名机制,则符合提高可见性的助推原理,满足个人展示绿色行为、追求身份认同的需求。

作为一种现成的同时包含传统干预方式与绿色助推的工具,碳账户可以在现有基础之上,充分利用数字化平台的优势,将绿色助推的效能发挥到最大,形成最具成本效益的绿色行为干预方式。具体而言,可以从行为引导、行为反馈及激励设计三个方面入手(见图4-1)。首先,在行为引导方面,为绿色行为设置默认选项、消除障碍,创造机会改变用户习惯,提高绿色行为的可见性。其次,在行为反馈方面,通过生态反馈、社会规范等方式,提升个人对绿色行为及效用的认知。最后,在激励设计方面,充分考虑个人的行为特征,设计符合个人道德及身份认同诉求的激励形式。

场景端		权益端
行为引导	行为反馈	激励设计
➢ 绿色默认：将绿色选项设为默认选项，可用于餐饮、办公、出行及其他绿色消费场景 ➢ 生态反馈、提高显著性、消除障碍、做出承诺：联合平台商户，丰富相关引导措施，如优化垃圾分类回收方式，在消费前签署绿色承诺书并进行用户标记等	➢ 生态反馈：除了现有绿色出行等典型场景，持续扩充可统计、可核算的绿色行为采集与反馈，如用电、用水等；尝试以图像、统计等方式直观反映个人碳排放水平及减排效果 ➢ 提高显著性：在平台呈现时，凸显重要性信息 ➢ 社会规范：每月统计平台绿色行为平均水平，向用户发送报告，对平均线以下用户发出红色警示	➢ 设计激励：考虑个人行为偏差特征（损失厌恶、框架效应、乐观偏差、心理账户、现实偏差、惰性和拖延等），如明确激励终止日期、以抽奖方式分配激励等 ➢ 提高可见性：对用户绿色行为水平进行评级分层并设置竞争披露机制

图 4-1　绿色助推与碳账户

五、绿色助推的伦理争论

关于人们应该如何做决策，通常有两种观点：自由主义认为每个人都应当有独立自主做出选择的权利；专制主义则认为人们的一些选择是需要被强制执行的。助推在这两种观点之外提出了第三种解决方案，被称为"自由主义下的温和专制主义"或"自由主义家长制"。这种新的方案以自由主义为前提，坚持人们有自由做主的权利，但同时也认为，在一些情况下,当人们独立做选择的结果未必最优时,需要通过温和的专制主义建议人们进行更好的选择,或者突出某些有价值的选项,引导人们提高决策的质量。

从前文的梳理中可以看到,绿色助推已经积累了丰富的实证研究和实践成果,但争议也随之而来,其中最核心的问题在于,遵循"自由主义家长制"的助推手段对决策者的自主选择能力是否会造成损害,以及当人们知道自己正在被助推时,助推本身还会不会发挥作用。

(一)绿色助推是否影响自主性

助推发生作用的前提是,人们无法按照理性人假设形成明确的偏好,助推所做的努力也不是让人们建立自主选择的偏好,而是干扰偏好向助推希望的方向形成,因此助推的批评者认为,助推只是保留了名义上的选择自由,实际却损害了人们的自主权。在极端情况下,助推者的偏好和价值观可能会完全取代被助推者的喜好,此时,助推者的决策所反映的不是经过理性决策而内生的"我的"意愿,而只是被引导和赋予所形成的"碎片化的自我"。[1]史密斯等（2013）在有关绿色默认工具的研究[2]中认为，绿色默认工具发挥作用是由于认知偏差，给定默认选项的行为可能存在伦理问题，因为它反映的是一种"没有意识的选择"。

助推理论的支持者则认为，关于自主性的争论本身就存在问题，因为在理性和自我认知的层面，自主性往往被定义得过于苛刻。例如，奥斯曼和韦尔奇（2010）将自治理解为"个人对自己的评估、思考和选择的控制"，[3]这种自治的概念要求个体有一定的自我认知。但在现实中，人们常常会受潜意识层面中各种因素的影响，很少有机会接触深层次的动机来源，[4]因为被定义的自主性是很难实现的，把人们缺乏自主性完全归因于助推的影响，显然有失公平。而人们对自主性

---

[1] Bovens L. The ethics of nudge. In：Grüne-Yanoff T, Hansson S O.（Eds.），Modeling preference change：Perspectives from economics, psychology and philosophy［M］. Berlin：Springer, 2009.

[2] Smith N C, Goldstein D G, Johnson E J. Choice without awareness：Ethical and policy implications of defaults［J］. Public Policy Mark, 2013（32）：159–172.

[3] Hausman D M, Welch B. Debate：To nudge or not to nudge［J］. Journal of Political. Philosophy, 2010（18）：123–136.

[4] Buss S. Autonomy reconsidered［J］. Midwest Studies in Philosophy, 1994（19）：95–121.

的固执追求本身也是一种对自己的误解,行为经济学已经发现,自我欺骗常常是个人幸福的重要来源。

还有一些助推的支持者认为,自主性的作用可能被高估了,因为在无助推的情况下,人们在自主形成和调整决策过程中投入的大量批判性反思,其实并不一定能引导个体做出最正确的反应。[①]因此,从能否达到目的的角度看,助推是否影响自主性也许并不重要,因为仅靠自主性可能根本不能让我们达到目的。

(二)绿色助推是否影响学习能力

部分助推的批评者认为,助推策略在一定程度上阻碍了个体进行积极的思考和选择,长此以往,决策者会变得只有依赖助推才能做出选择并采取行动,最终形成损害个体自主选择能力的恶性循环。[②]在这种观点下,自主选择的价值不在于它所带来的结果,而在于自主选择本身构成了个体自身区

---

① Buss S. Autonomous action: Self-determination in the passive mode [J]. Ethics, 2012: 647–691.

② Schubert C. On the ethics of public nudging: Autonomy and agency [J]. Electronic Journal, 2015.

别于他人的特性。[1]因此，即使绿色助推能够引导个人做出有益于环境的决策和行为，也可能妨碍其发展自主选择的能力。

在个人层面上，绿色助推的工作原理是系统地将行为主体从需要集中精神和认知努力的决策中解脱出来。绿色默认允许个人不用思考就以有利于环境的方式行事，与同辈比较可以让个人在选择节能省电的时候也节省一些意志力。所有这些都导致了一个事实，即绿色助推阻止人们进行主动选择。但事实上，主动选择是非常有价值的，这不在于它所带来的决策结果或程序效用，而在于它随着时间的推移构成了个人的身份或性格，助推阻止了主动选择，也就在一定程度上放弃了形成个性和决策的能力。长此以往，人们可能会越来越依赖外部提供的引导。

这样的论点也很容易推广到社会层面和政治层面，绿色助推可能会以一种有问题的方式影响公共民主审议和集体决策。当政府通过心理"花招"而不是禁令或货币激励进行干预时，它就改变了公共政策制定的性质。[2]一方面，以绿色助推

---

[1] Schubert C. Green nudges：Do they work? Are they ethical?［J］. Ecological Economics，2017：329–342.
[2] John P，Smith G，Stoker G. Nudge nudge，think think：Two strategies for changing civic behaviour［J］. Political Quarterly，2009（80）：361–370.

工具实施环境政策,可能会影响人们对政府的看法,无论助推的目的多么善意,都可能引发公民的反感;另一方面,采用助推工具的国家可能改变公共审议的性质,公民不再被视为值得尊重的理性人,而是被看作受影响的、有偏见的、容易被操纵的群体。尽管关于绿色助推对特定国家法律制度环境影响的文献仍处于初级阶段,但在集体决定何时何地使用绿色助推时,意识到其中的风险,并调整工具的使用方式是非常重要的。

(三)绿色助推在被发觉后,效果是否会打折扣

助推在实践中还受到另一种质疑,即当人们被告知正在不自觉地被助推时,是否会有被操控的感觉,助推的效果是否会大打折扣。事实上,有研究发现,向公众披露助推具体的呈现方式并不会降低助推的有效性,但是助推的设计主体以及助推的意图会影响人们对助推的接受程度。[1]以针对框架效应设计的助推碳排放费征收为例,负面框架以碳排放税的名义征收,正面框架则以碳补偿费的名义征收。研究者将此助推手段的原理和设计主体(比如政府、企业)以语音的形

---

[1] Bang H M, Shu S B, Weber E U. The role of perceived effectiveness on the acceptability of choice architecture [J]. Behavioural Public Policy, 2018.

式告知受试者，然后让受试者评估此助推在多大程度上会影响自己和其他人的行为，以及对此助推的接受程度。结果发现，人们仍然认为他们的行为会受影响，并且认为其他人所受影响比自己更大。相比之下，如果助推的设计者是受试者的朋友，则受试者可能更容易接受被助推；如果设计者是政府或企业，则受试者对助推的接受度普遍就更低一些。此外，当人们将助推的意图理解为保护生态环境而不是助推主体盈利时，接受度明显更高。由此可见，公众意识到被助推并不一定会降低助推的效果和接受度，真正影响助推效果的其实是助推的主体以及公众如何解读助推背后的意图。

目前，有关绿色助推的理论研究成果和实践经验大多来自欧美国家，但考虑到具体国情，与西方崇尚个人主义不同，中华文化更加强调集体主义和社会凝聚力，民众天然拥有遵守社会规范、追求身份认同的心理，对政府的信任度也较高。因此，绿色助推作为一种柔性干预措施，在我国可能获得较高的接受度和支持率。但在进行绿色助推干预政策的设计时，应该注意总结国外的实践经验，以免影响助推效果，通过试验先行，确定最适合我国文化和大众情况的助推方式。

绿色助推工具与注意事项见表4-2。

表4-2 绿色助推工具与注意事项

绿色助推工具		注意事项
绿色默认	将绿色选项设定为默认项	考虑对低收入群体的影响;消费者不信任架构师或认为自己更专业时,可能影响助推效果
生态反馈	为个人提供其行为的环境影响反馈	即时反馈、长时间反馈、高粒度反馈及个人更容易理解的反馈内容和呈现方式可以取得更好的效果
提高显著性	减少信息数量、简化信息内容	可通过划分等级与贴标签等方式提高产品可比性
	改变产品属性的信息呈现方式	具体包括改变产品属性的分类方式、改变信息的呈现顺序、放大度量尺度,进行属性转化等
消除障碍	消除绿色行为可能面临的障碍	考虑对低收入群体的影响
改变习惯	给不可持续性行为、抓住或创造行为改变的最佳时机	当消费者的生活环境发生变化或新开端时期;干预措施需要持续足够长的时间
设计激励	考虑损失厌恶	"失"比"得"对人的触动更大
	考虑框架效应	碳抵消优于碳税、庇古费优于庇古税,燃油效率高优于燃油经济性好
	考虑乐观偏差	当货币激励金额较小时,可以采用抽奖方式
	考虑心理账户	明确对补贴资金贴标签,提高绿色消费最小充值金额
	考虑现实偏差	为前期投入成本提供低息或无息贷款
	考虑惰性和拖延	为激励设置截止日期

216　　绿色助推

续表

绿色助推工具		注意事项
提供社会规范	描述性社会规范提示消费者在给定情况下大多数人会怎么做	如何传递及传递怎样的社会规范信息；考虑不同场景下选择描述性或命令性社会规范，以及两者并用的适用性问题；对照群体越相似，干预效果越好；干预效果存在异质性；人们原本对相关主题关心程度越低，效果反而越好
	命令性社会规范提示消费者在给定情况下社会认可的行为是什么	
	描述性社会规范与命令性社会规范相结合	
做出承诺	人们具有保持一致性，维护个人积极形象的需求	书面承诺优于口头承诺，个人承诺优于集体承诺，针对具体行动的承诺优于宽泛的承诺，公开承诺优于私下承诺
提高可见性	在公众面前更多地展示个人绿色低碳行为	观察者越重要，效果越明显；利用社交媒体展示绿色低碳行为
	被看见的感觉能够增加环保行为	带有眼睛的图片能使人感觉被看见
	通过生态标签提高可见性	使用透明垃圾袋，提高绿色产品的可辨识度等

第五章

大数据下的助推实验

一、碳账户与绿色助推

基于西方社会的文化、价值观及社会规范，学术界开展的绿色助推理论研究已取得了很多成果，形成了丰富的绿色助推工具体系。然而，在亚洲及国内环境下开展的群体性研究项目并不多，不同社会文化背景所存在的差异，还有待进一步探究。同时，过往积累的研究结论，大多来自日常某个独立的节能行为和传统消费场景，其中多是以问卷的形式开展社会调研，而基于大样本、真实生活场景的大数据分析似乎并不多见。

在国内碳中和及数字经济飞速发展的背景下，个人碳账户作为激励用户绿色消费的有效工具，已涉足低碳生活的方方面面，其庞大的客户群体及丰富的场景，为绿色助推理论的研究提供了天然的实践场所。

碳账户平台在进行功能设置时，可以对传递给用户的信息进行含有助推意味的加工，比如改变信息内容、颗粒度及呈现方式等。用户只要使用 App 提供的服务，就已经参与了事先配置的行为观察。利用大数据技术，平台可以有效地归集用户在真实生活场景下的各项行为数据，并进行分析与产品迭代。比如，在互联网推送平台上，很容易通过 A、B 分组等经济学实验进行用户行为比较，从中找到更显著的标签客户；或者结合事件研究法，观察在 App 某项新功能模块上线前后，用户的绿色行为是否发生明显的变化。通过这些安排，我们可以获取绿色助推发挥作用的第一手资料，再通过行为经济学的科学架构，抽象总结出具有普适性、低成本的绿色行为干预方式，这些经过完善的绿色助推理论，可以进一步应用到我国生态环保工作的诸多领域。

我们在国内一家全国性股份制商业银行的个人碳账户平台上逐步实施了以上计划，并取得了良好的效果。该碳账户平台覆盖客户群超 1 亿人，所有客户均有机会参与其中。平台的基本运作模式为客户授权银行获取其支付结算、线上金融等信息，碳账户平台利用大数据技术，可以从中识别22种绿色低碳行为（包括绿色出行、数字金融、在线业务等）；对于用户完成的任意一种绿色低碳行为，平台都将逐一记录，并按照既定规则发放一定数值的激励性积分——绿色能量；用户积攒的绿色能量可以兑换平台提供的绿色权益，包括与个人荣誉相关的种树、湿地保护等公益类权益，以及与现金补偿相关的消费抵扣券、视频网站会员卡、助农产品等经济类权益。在平台识别的22种绿色低碳行为中，有9种可以按照上海环境能源交易所提供的模型计算用户的碳减排量，如用户每次乘坐地铁、公交可分别获得30.196克、72.556克碳减排量，每次通过银行完成在线缴费可获得4.044克碳减排量；其余13种绿色行为，如线上还款等电子银行服务，虽然也可以产生减排效应，但由于核算方法学的局限性，暂不提供对应的碳减排量。

平台在搭建过程中，逐步加入各类互联网常见的具体功能，帮助客户有更丰富的体验并提高参与度。比如，平台可详细记录客户的碳足迹，并按照用户碳减排量贡献进行排名，或者通过"低碳科普""广告位飘窗""绿色任务中心"等功能模块，为用户了解各类低碳行为效应提供清晰、直观的介绍，同时引导用户参与金融场景下的绿色行为。此外，因为碳账户是嵌套在商业银行 App 内的子平台，平台上还可以发布各种与银行自身业务相关的内容，在促进用户采取绿色行为的同时，借助银行业务转化提升客户黏性。碳账户平台的功能为绿色助推理论的落实提供了具体的工具，利用实践总结进一步优化调整平台配置，可以有效提升碳账户作为一项金融产品的效能。

为了使绿色助推理论更好地服务于绿色消费政策及碳账户创新，我们在具体实施中，不断深入探索绿色助推理论落地的方式，以及影响绿色助推效果的种种因素。例如，在生态反馈理论中，我们已经知道提供行为影响环境的信息可以影响个人的行为决策，但是在金融场景下，具体应该提供哪些生态反馈信息，却没有现成的参考资料。比如，在兼有生态环保属性与金融属性的碳账户平台中，需要为用户展示种植一棵树的生态保护贡献时，是应该告知用户这棵树能够吸收多少千克的二氧化碳，还是告知用户这棵树所创造的碳汇在碳交易市场上价值多少？这两种讲法听起来都很有意义。从银行 App 这个更大的背景来看，量化为货币似乎更贴合用户的使用需求；而单从碳账户这一依托环保的概念来看，树木的碳吸收能力似乎更能反映行为的本质与影响。当然，也有人提议将这两个信息同时展示给客户，从而提供一个更全面的生态反馈。但行为经济学的很多研究提醒我们，在信息反馈的框架下，叠加太多信息反而可能造成冗余，使受众的注意力分散或者产生疑惑，从而起到反作用。因此，如何在"金融＋环保"的场景下提供生态反馈的具体描述，成为我们需要探究的第一个问题。同时，我们也认为这是一个通用的解决方案，未来能够复制到其他所有的个人碳账户平台。

除生态反馈外，为用户提供低碳环保知识也是一种典型的认知助推，能够有效促进人们采取绿色环保的行为。认知助推在碳账户环境下是否仍然起作用，以及如何投放环保科普知识更能激发人们的环保行为，也是需要进一步确认的事情。在碳账户这个天然可以开展田野实验的平台上，后台设计人员将用户随机分组，利用滚动条模块传递有区别的认知信息（即我们通常理解的广告），通过观察不同人群在接收到银行业务类广告，或者绿色科普知识类广告后行为转变的程度，可以比较并找出助推力量最优的信息传递方式。同时，用户在互联网平台上的点击行为也能够被平台记录，是否点击代表着用户对广告的接受程度，这里涉及丹尼尔·卡尼曼在《思考，快与慢》里讲述的快思考模式和慢思考模式，帮助我们进一步探索认知助推产生作用的内部机制。

另外，由助推理论所衍生出来的很多新想法都为碳账户平台的设计提供了思路。例如，能否通过线上排名竞赛激发人的内生动力，从而利用人们的社会比较倾向，获得更好的助推效果；能否借助一些鼓励人们的弹窗话语，通过情绪刺激使用户产生更强的环保意愿等。在真正将这些行动付诸实践之前，我们将首先通过科学的田野实验设计，对猜想进行验证。

随着全球对环保问题的重视程度日益提升，消费端转型逐渐成为政府与企业发力的重点。互联网数字平台面向亿万用户，是绿色消费政策由上而下触达的有力工具。根据公开信息和已有研究，碳账户作为较新的互联网产品类型，目前在产品设计层面尚未融入绿色助推。此次我们在碳账户平台上开展的有关助推理论的实验，不仅能够帮助我们理解不同信息发挥助推作用的机制，从而更好地完善碳账户平台的设计，还使我们在具体的实践中深化拓展了有关助推理论的研究，对于未来碳账户的发展及绿色消费政策的制定具有较强的借鉴意义。在数字时代，我们希望能够充分借助先进的理论与工具，推动绿色消费发展，汇聚民众力量，实现全社会的帕累托改进。

二、研究一：探究生态反馈的有效性

（一）以环保贡献反馈助推绿色行为

生态反馈是一种被广泛运用的认知型助推工具，最早由麦考利和米德登（1998）[1]提出。它指的是在用户与产品互动的过程中提供信息，可以激励用户采取更加节能的策略。常见的生态反馈信息包括有关能源资源使用信息，如每月的用电量、用水量等；有关行为本身是否环保的信息，如提示垃圾分类方式是否正确等；有关节能行为环保贡献的信息，如使用电动汽车每千米出行的温室气体减排量；以及关于节能行为经济贡献的信息，如使用高效家电带来的电费节约等。

很多研究都对生态反馈助推绿色消费的正向作用进行了验证。例如，费希尔（2008）指出，提供有关用电量的信息

---

[1] McCalley L T, Midden G J H. Computer based systems in household appliances: The study of eco-feedback as a tool for increasing conservation behavior [J]. 3rd Asia Pacific Computer Human Interaction, 1998: 344-349.

可以促进消费者控制用电量,最终达到节省能源的目的;①奥尔科特(2011)的研究发现,向消费者反馈实时电价有助于减少高峰时段的用电量;②德根等(2013)在瑞士的一项大型实地实验中发现,利用智能电表反馈家庭的总能源使用情况可以促使家庭节约3%~5%的能源;③蒂芬贝克等(2018)发现,生态反馈可以使人们对自己的用水量有更明确的认知,从而避免低估用水量。④

在环保被大力推广的当下,大多数人可能已经意识到环保是自己应该做的事,但是对于具体的方式以及背后的原因缺乏更深刻的理解,因此实际参与度不够。⑤生态反馈围绕环境行为提供更多信息,帮助消费者形成正确的认知,或许能

---

① Fischer C. Feedback on household electricity consumption:A tool for saving energy?[J]. Energy Efficiency, 2008, 1(1):79-104.

② Allcott H. Social norms and energy conservation[J]. Journal of Public Economics, 2011, 95(9-10):1082-1095.

③ 参见 https://www.energie-nachrichten.info/file/Energie-Report/2013/2013-07/30702_ER_Smartgrid_ewz_B.pdf。

④ Tiefenbeck V, Goette L, Degen K, et al.. Overcoming salience bias:How real-time feedback fosters resource conservation[J]. Management science, 2018, 64(3):1458-1476.

⑤ 刘菁婕."双碳"目标下公众生态意识培养研究[J].湖北经济学院学报:人文社会科学版, 2023, 20(3):28-32.

够突破这种障碍，使人们的环保意识真正落实为具体的行动。有研究表明，通过向个体反馈其行为对环境的影响，可以增强个人对于环境问题的认知，从而激发其更积极的行动意愿。[①]考虑到人们对于绿色行为的定义、涵盖范围以及不同行为对环境产生实际效益的理解并不充分，生态反馈在促进绿色行为方面可能拥有巨大潜力。

根据以往的研究，不同的反馈内容及反馈方式可能会带来不同的反馈效果。费希尔（2008）在实验中用纸张和电子显示屏两种媒介展示信息，结果发现，电子显示屏的展示更能促进个人的节能行为。他在另一项实验中发现，相较于单独反馈个人的用电量，将个人与邻居用电量的比较加入反馈中，助推的效果会增强。[②]费希尔还提出，在家庭用电场景下，反馈的内容越详尽，越能促进用户的节约行为，但也有其他研究认为，过多信息可能会导致信息过载和受众注意力的分散，所以生

[①] Sanguinetti A, Dombrovski K, Sikand S. Information, timing, and display: A design-behavior framework for improving the effectiveness of eco-feedback [J]. Energy Research & Social Science, 2018 (39): 55-68.

[②] Fischer C. Feedback on household electricity consumption: A tool for saving energy? [J]. Energy Efficiency, 2008, 1 (1): 79-104.

态反馈的信息应该是清晰明了的。[①]此外，施莱和德凯（2015）发现能源信息的可获得性与详尽程度对消费者的节能决策有着正面的影响；[②]多根等（2014）在环保驾驶实验中发现，将耗油量用经济单位（欧元）展示，不如用环境描述方式（吨二氧化碳排放量）展示更能促进个人的环保驾驶行为。[③]

然而，也有一些研究认为提供低碳环保反馈不一定能促进人们的绿色行为。[④]例如，杰斯瓦尔和康德（2018）研究发现，虽然低碳环保的生态反馈和外部激励会促使居民对购买绿色产品持积极态度（动机），但居民积极的绿色采购动机并不一定会导致更多的购买行为。[⑤]这种相反声音也从侧面表明，

[①] Spagnolli A, et al.. Eco-feedback on the go: Motivating energy awareness [J]. Computer, 2011, 44（5）: 38-45.

[②] Schley D R, DeKay M L. Cognitive accessibility in judgments of household energy consumption [J]. Journal of Environmental Psychology, 2015（43）: 30-41.

[③] Dogan E, Bolderdijk J W, Steg L. Making small numbers count: Environmental and financial feedback in promoting eco-driving behaviours [J]. Journal of Consumer Policy, 2014, 37（3）: 413-422.

[④] Abrahamse W, Steg L, Vlek C, et al.. A review of intervention studies aimed at household energy conservation [J]. Journal of Environmental Psychology, 2005, 25（3）: 273-291.

[⑤] Jaiswal D, Kant R. Green purchasing behaviour: A conceptual framework and empirical investigation of Indian consumers [J]. Journal of Retailing and Consumer Services, 2018（41）: 60-69.

目前对于生态反馈呈现方式的研究还不够充分。[①]

考虑到既有研究大多将着眼点放在人们日常的节能行为以及传统的消费活动上，而这些研究结论在其他场景是否适用，以及具体将呈现怎样的特征还需要进一步研究和验证。因此，为了探究生态反馈在商业银行金融环境下的助推效果，我们以商业银行碳账户平台的用户为研究对象，依据真实的用户行为，展开实验设计与数据分析。

（二）碳账户实证研究

商业银行碳账户的运作逻辑是，当用户采取绿色行为并被平台捕捉到时，就可以获得相应的绿色能量，这些绿色能量可以被用来种树，从而对用户的绿色行为形成一种公益激励。研究认为，各类在线平台普遍存在两类行为模式：一是利用（exploitation），二是探索（exploration）。在利用行为模式下，人们偏向于按照习惯使用平台的基础功能；在探索行为模式下，人们更愿意在平台里寻求多样化、探索新东西和

[①] Bonini N, Hadjichristidis C, Graffeo M. Green nudging [J]. Acta Psychologica Sinica, 2018, 50（8）: 814.

使用新功能。[1]对银行线上平台的使用者而言,具有探索行为模式的人,可能更有意愿点开碳账户这一在银行客户端中相对新颖的功能,并在积分兑换界面接收到平台提供的生态反馈信息。在我们所设计的实验中,可以将在兑换树木的界面展示树木的价值作为一种生态反馈,通过增强用户对种树行为的认知,帮助他们了解种树行为所带来的实际效益,或许可以促使人们更积极地兑换。

同样是有关树木价值的生态反馈,以环境效益的方式呈现,即所种树木创造碳汇[2]的能力[3],或者以经济效益的方式呈现,即描述种树所产生的货币价值[4],在助推个人绿色行为方面发挥的效果可能并不相同。一方面,由于经济效益反馈通常比环境效益更易于感知和衡量,从而让用户更愿意采取绿色行为;另一方面,随着全球环保意识的增强,越来越多

---

[1] Mehlhorn K, Newell B R, Todd P M, et al.. Unpacking the exploration-exploitation tradeoff: A synthesis of human and animal literatures [J]. Decision, 2015, 2 (3), 191.
[2] 指吸收二氧化碳等温室气体的总量。
[3] 单位为吨/千亩·年,1亩≈666.67平方米。
[4] 单位为万元/千亩·年。

的人开始关注个人的碳足迹及其对环境的影响,[①]因此提供环境效益反馈可能与用户的价值观更加匹配,更能激发人们的绿色行为。碳账户平台本身更关注环保意义,但它嵌套在本身就具有很强商业属性的银行App中,所发挥的作用并不明显。因此,我们将进一步研究,在影响用户绿色行为的过程中,到底是银行的商业大背景还是碳账户的环保小场景能够发挥更大的作用。

此外,考虑到人们对信息的注意力总是有限的,[②]且在短时间内无法排除冗余信息的干扰,[③]在其他条件相同的情况下,信息的实际处理率会随着信息冗余的增加而降低,[④]提供过多信息可能导致信息过载和受众的注意力分散,因此,同时提供环境效益和经济效益反馈反而可能会降低对个人绿色行为的助推效果。

[①] Capstick S B, Lewis A. Effects of personal carbon allowances on decision-making: Evidence from an experimental simulation [J]. Climate Policy, 2010, 10 (4): 369-384.
[②] Webster J G. User information regimes: How social media shape patterns of consumption [J]. Northwestern University Law Review, 2010.
[③] Endres M J, Houpt J W, Donkin C, et al.. Working memory capacity and redundant information processing efficiency [J]. Frontiers in Psychology, 2015.
[④] Hsia H J. Redundancy: Is it the lost key to better communication? [J]. AV Communication Review, 1977, 25 (1): 63-85.

为了验证前述对生态反馈作用效果的猜想，我们将实验对象随机分成四组。第一组用户不提供任何有关树木价值的生态反馈，第二组用户仅提供以经济效益方式呈现的生态反馈（见图5-1），第三组用户仅提供以环境效益方式呈现的生态反馈（见图5-2），第四组用户同时提供以经济效益和环境效益方式呈现的生态反馈（见图5-3和图5-4）。我们假设好的生态反馈方式能够激发用户产生更多的树木兑换行为，因此通过分析用户树木兑换的行为，检验不同的反馈方式对用户树木兑换行为的影响。由于在银行App的使用者中，有些并没有进入过碳账户平台，也没有点开过权益兑换界面，无法获取到生态反馈信息，因此我们选取实验期间至少1次进入过碳账户平台，且至少1次进入过积分权益兑换界面的用户作为实验对象。实验中，我们排除了用户的人口统计学特征、银行账户登记，以及使用银行App各项功能的频次等一系列因素的影响，聚焦于不同形式的生态反馈对于个人绿色行为的影响。每个树种的经济效益反馈、环境效益反馈、环境叠加经济效益反馈见表5-1。

能量兑树

山樱桃
创造价值约6.07万元/千亩·年
25 424点/16 016点   兑换

蒙古栎
创造价值约4.52万元/千亩·年
25 424点/21 366点   兑换

樟子松
创造价值约3.99万元/千亩·年
25 424点/32 058点   还需6 634点

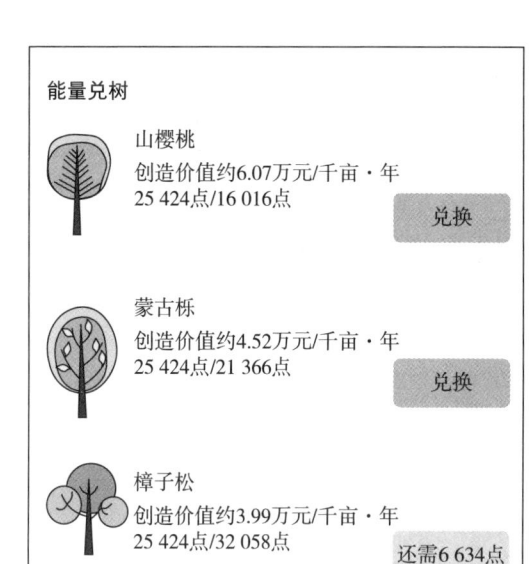

图 5-1　以经济效益方式呈现的生态反馈

能量兑树

山樱桃
创造碳汇约1 215吨/千亩·年
25 424点/16 016点   兑换

蒙古栎
创造碳汇约904吨/千亩·年
25 424点/21 366点   兑换

樟子松
创造碳汇约799吨/千亩·年
25 424点/32 058点   还需6 634点

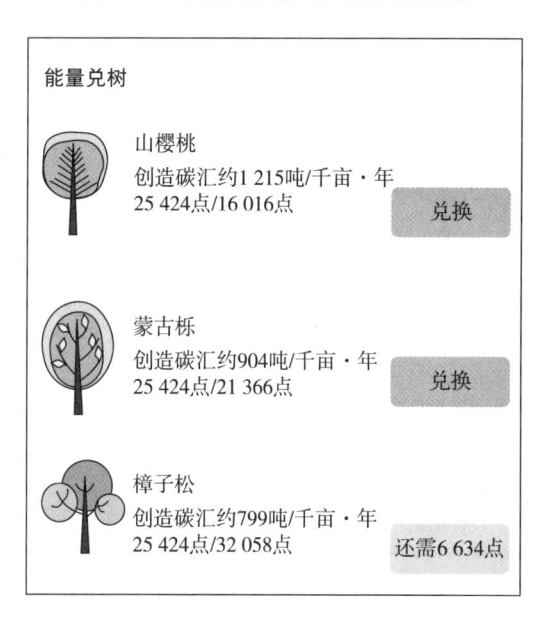

图 5-2　以环境效益方式呈现的生态反馈

```
能量兑树

山樱桃
创造碳汇1 215吨/千亩·年，创造价值约
6.07万元/千亩·年
25 424点/16 016点                    兑换

蒙古栎
创造碳汇904吨/千亩·年，创造价值约
4.52万元/千亩·年
25 424点/21 366点                    兑换

樟子松
创造碳汇799吨/千亩·年，创造价值约
3.99万元/千亩·年
25 424点/32 058点              还需6 634点
```

图 5-3 同时提供以经济效益和环境效益方式
呈现的生态反馈

```
         山樱桃
         继续努力哦
         ▬▬▬▬▬▬▬▬▬▬
         6 284点/16 016点

每千亩山樱桃一年可积累碳汇约1 215吨$CO_2$，创
造价值约合6.07万元

山樱桃，蔷薇科，樱桃属，喜光，喜肥沃、深厚
而排水良好的微酸性土壤，主要分布于我国丘陵
地区，也被应用于局部山体绿色化项目

兑换时间：2022年04月21日—2024年12月31日
栽种地址：河北省丰宁县
```

图 5-4 详情页同时展示环境效益和经济效益生态反馈

表5-1 每个树种的经济效益反馈、环境效益反馈、环境叠加经济效益反馈

兑换树品种	经济效益反馈	环境效益反馈	环境叠加经济效益反馈
山樱桃	创造价值约6.07万元/千亩·年	创造碳汇约1 215吨/千亩·年	创造碳汇约1 215吨/千亩·年,创造价值约6.07万元/千亩·年
蒙古栎	创造价值约4.52万元/千亩·年	创造碳汇约904吨/千亩·年	创造碳汇约904吨/千亩·年,创造价值约4.52万元/千亩·年
樟子松	创造价值约3.99万元/千亩·年	创造碳汇约799吨/千亩·年	创造碳汇约799吨/千亩·年,创造价值约3.99万元/千亩·年

通过回归分析发现，从总体来看，无论是展示树木的环境效益反馈还是经济效益反馈，抑或展示经济效益与环境效益反馈的组合，都显著地促进了人们的种树兑换行为。但是，三种生态反馈方式的促进作用存在一定的差异。具体而言，只向用户展示环境效益反馈对于用户兑换行为的促进作用最强。

从以上数据分析中，我们可以得出有关生态反馈的三项重要结论。一是在个人碳账户场景下，相较于没有生态反馈，提供生态反馈更能够促进人们产生绿色行为。这可能是由于用户原本对于种树价值的认知并不具体，无论是以经济效益方式还是环境效益方式呈现的生态反馈，都能够加深人们对

种树行为价值的认知，从而促使他们更愿意参与到种树兑换的活动中。二是相较于经济效益的反馈形式，环境效益反馈更能促进绿色行为。由此可见，生态反馈的助推效果与反馈内容本身及行为发生的场景等因素有关。在本实验中，个人碳账户的场景与环保关联度更高，环境效益反馈与碳账户场景的契合度似乎高于经济效益反馈，而这或许就是提供环境效益反馈能起到更强助推作用的原因。三是相较于展示单一价值反馈，提供环境叠加经济效益反馈会抑制人们产生绿色行为。我们认为，这是因为同时提供两种内容的反馈会造成信息冗余，降低内容的传递效率，使人们难以理解反馈的内容，也就无法直击人心，达到更好的反馈效果。

通过此次实验，我们证实了在面向超过1亿用户群体的商业银行碳账户中，生态反馈在金融场景下也能发挥绿色助推的作用。与以往研究相比，本研究更关注信息展示的媒介、信息呈现的颗粒度等，实验讨论了不同反馈内容对助推效果的影响，对助推理论形成了有益的补充。同时，通过实验证明，信息冗余会使生态反馈在金融叠加低碳环境下的正向助推效果受到抑制，打破了人们先前认为的"展示的反馈内容越多越好"的错误认知。除此之外，实验结果也验证了生态反馈的效果与接收对象及所在平台等外部因素的相关性，这在以往的理论研究中并不多见。我们认为，在接收对象层面，客户对银行平台的探索意愿会正向影响该平台提供生态反馈的效果；在所在平台层面，当生态反馈的描述方式与平台语境更匹配时，助推的效果更好。

三、研究二：认知助推与内在动机

（一）以认知改变行为

研究认为，展示低碳环保相关信息可以作为一种认知型绿色助推工具，促进人们的绿色行为。但也有研究者发现，在实践中采取直接展示信息的方式（如绿色低碳标语、绿色标志等）可能是无效的，[1]尤其在人们没有绿色低碳的行为动机时。[2]费希尔（2008）则发现，信息内容的展现形式以及目

---

[1] Fischer C. Feedback on household electricity consumption：A tool for saving energy？[J]. Energy Efficiency，2008，1（1）：79-104.

[2] Griskevicius V，Tybur J M，Van den Bergh B. Going green to be seen：Status，reputation，and conspicuous conservation [J]. Journal of Personality and Social Psychology，2010，98（3）：392.

标群体的选取都会影响认知助推的效果。[1]

绿色行为内在动机是指,当人们参与环保行动是出于自身意愿时,就能够唤起自身的满足感。[2]过去的研究在许多绿色场景下都发现,内在动机能够为人的环保行为提供更加长期的推动作用和影响,[3]人们对绿色低碳信息的获取和绿色行为内在动机是其长期保持低碳环保行为的驱动力,[4]绿色行为内在动机是影响人们将绿色想法转化为环境友好行为的重要因素。[5]

---

[1] Fischer C. Feedback on household electricity consumption: A tool for saving energy?[J]. Energy Efficiency, 2008, 1(1): 79-104.

[2] Deci E L, Ryan R M. Intrinsic motivation and self-determination in human behavior[M]. Berlin: Springer, 2013.

[3] Deci E L, Ryan R M. Self-determination theory: A macro theory of human motivation, development, and health[J]. Canadian Psychology, 2008, 49(3): 182.

[4] Steinhorst J, Klöckner C A. Effects of monetary versus environmental information framing: Implications for long-term pro-environmental behavior and intrinsic motivation[J]. Environment and Behavior, 2018, 50(9): 997-1031.

[5] Ali F, Ashfaq M, Begum S, et al.. How "Green" thinking, and altruism translate into purchasing intentions for electronics products: The intrinsic-extrinsic motivation mechanism[J]. Sustainable Production and Consumption, 2020, 24: 281-291; Li W, Bhutto T A, Wang X, et al.. Unlocking employees' green creativity: The effects of green transformational leadership, green intrinsic, and extrinsic motivation[J]. Journal of Cleaner Production, 2020.

为了探究低碳环保信息在认知助推中的作用机制,以及人们的内在行为动机对认知助推的影响,我们在银行个人碳账户场景下,设计并开展了第二项实验。

在探究认知助推的作用机制方面,我们借用了丹尼尔·卡尼曼提出的双重加工理论。这一理论认为,人类在决策过程中存在两种思维模式:一是快思维(系统1)模式,即一种自动、直觉、非意识和非理性的思维模式,在这种模式下人们可以快速解决问题,但也容易受到认知偏差的影响;二是慢思维(系统2)模式,即一种缓慢、有意识、理性分析思考的思维模式,在慢思维模式下,人们可以进行逻辑推理、统计和处理复杂问题,从而更准确地评估信息并做出理性决策,但通常需要花费较长的时间来产生结果。[1]当人们的快思维产生认知结果后,慢思维的刻意认知可以进一步发挥作用。绿色行为通常是不符合人类本性的行为,在慢思维模式下,人们对复杂信息的评估和利用更加充分,因此我们假设,人们采取绿色行为往往是充分思考、权衡利弊的结果,因而促进绿色行为主要依靠激活人们的慢思维模式。在实验

---

[1] Kahneman D. Thinking, fast and slow [M]. New York: Penguin Books, 2012.

中，我们通过在碳账户平台上设置醒目的广告语吸引用户的注意力，从而激活他们的快思维，并产生点击广告语的行为；而这一点击行为有可能进一步激活人们的慢思维，使他们理性地阅读和接收广告语背后的绿色低碳信息。基于此，我们预期广告的绿色属性会正向促使人们点击广告，而广告语背后的复杂绿色低碳信息将进一步激发人们的慢思维，最终促进人们的绿色行为。

在探究内在行为动机对认知助推的影响方面，根据社会比较理论，竞赛能够激发人们加强从事某项活动的内在动机。[1]例如，相较于单人完成任务，当得知与从事相同任务的他人在进行比较时，人们会更加努力，以更好地展现自我。[2]在解谜游戏中，引入竞争机制的被试者会比仅被要求尽快完成任务的被试者更快地解决谜题。[3]过去的研究也证实，将个

---

[1] Steg L. Values, norms, and intrinsic motivation to act pro-environmentally [J]. Annual Review of Environment and Resources, 2016 (41): 277-292.

[2] Hertel G, Niemeyer G, Clauss A. Social indispensability or social comparison: The why and when of motivation gains of inferior group members [J]. Journal of Applied Social Psychology, 2008, 38 (5): 1329-1363.

[3] Deci E L, Betley G, Kahle J, et al.. When trying to win: Competition and intrinsic motivation [J]. Personality and Social Psychology Bulletin, 1981, 7 (1): 79-83.

人绿色行为与他人绿色行为进行比较,是减少能源消耗的有效策略。[①]比伦和扎斯卡拉基斯(2015)曾提出,不涉及金钱奖励的非激励性节能竞赛通过让人设定目标参与社会比较,可以促进人们的环保行为。[②]基于这些研究,我们认为处于竞争状态的用户会更愿意投入认知资源学习利用复杂绿色信息,进而辅助自己完成绿色行为。因此,我们在碳账户平台中引入激发个人内在行为动机的绿色低碳竞争机制,并预期竞赛机制将进一步促进人们的绿色行为。

(二)碳账户实证研究

实验主要分两个阶段进行。在第一阶段,我们在碳账户平台中设置银行业务和绿色科普两组滚动广告位,以对照实验方法,检验认知助推的作用机制;在第二阶段,我们在展示广告标语的同时,对全量用户上线碳减排竞赛排名系统,

---

[①] Allcott H. Social norms and energy conservation [J]. Journal of Public Economics,2011,95(9-10):1082-1095; Graffeo M, Ritov I, Bonini N, et al.. To make people save energy tell them what others do but also who they are:A preliminary study [J]. Frontiers in Psychology,2015(6):1287.
[②] Bühren C, Daskalakis M. Do not incentivize eco-friendly behavior:Go for a competition to go green! [J]. MAGKS Joint Discussion Paper Series in Economics,2015.

进一步探究竞赛及内在动机在助推中发挥的作用。

在实验的第一阶段，我们对控制组用户展示银行业务广告标语（见图5-5），对实验组用户展示绿色科普广告标语（见图5-6）。我们预期，在碳账户首页以醒目的图文形式滚动播放的标语将吸引人们的注意力，从而在快思维模式下激活用户点击标语的行为，这一点击行为会使用户进入标语的详情页面，并通过这种"点击—阅读"的交互方式激活用户的慢思维模式，促使他们阅读并获取标语背后的详细信息，得到更加深入复杂的知识。在实验数据的收集阶段，我们记录了用户对广告标语的点击情况、各方面绿色行为和绿色能量的变化，以此来刻画用户认知对绿色行为的助推情况。

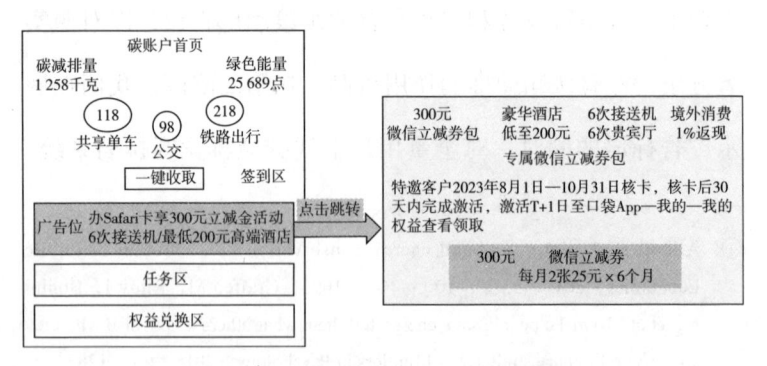

图5-5 银行业务广告位示例及跳转图

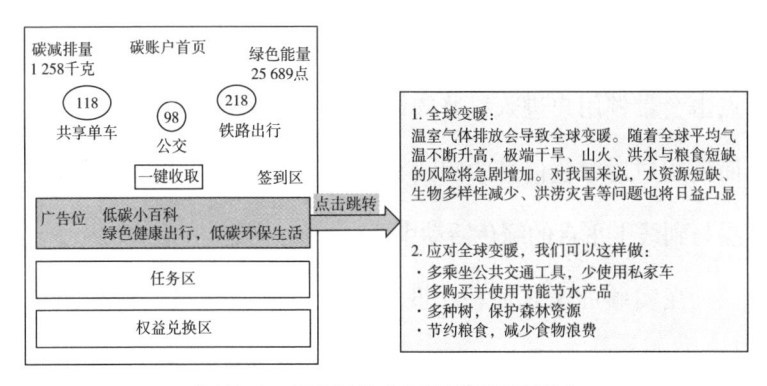

```
┌─────────────────────────────────┐
│  碳减排量    碳账户首页   绿色能量 │
│  1 258千克              25 689点 │
│    ⌢          ⌢          ⌢     │
│   118         98         218    │
│  共享单车    公交       铁路出行  │
│           ┌────────┐            │
│           │一键收取 │   签到区    │
│           └────────┘            │
│ ┌─────────────────────┐         │
│ │广告位  低碳小百科     │点击跳转 │
│ │    绿色健康出行，低碳环保生活│──▶ │
│ └─────────────────────┘         │
│ ┌─────────────────────┐         │
│ │        任务区         │         │
│ └─────────────────────┘         │
│ ┌─────────────────────┐         │
│ │      权益兑换区       │         │
│ └─────────────────────┘         │
└─────────────────────────────────┘
```

┌────────────────────────────────────┐
│ 1. 全球变暖：   │
│ 温室气体排放会导致全球变暖。随着全球平均气│
│ 温不断升高，极端干旱、山火、洪水与粮食短缺│
│ 的风险将急剧增加。对我国来说，水资源短缺、│
│ 生物多样性减少、洪涝灾害等问题也将日益凸显│
│   │
│ 2. 应对全球变暖，我们可以这样做：   │
│ ·多乘坐公共交通工具，少使用私家车   │
│ ·多购买并使用节能节水产品   │
│ ·多种树，保护森林资源   │
│ ·节约粮食，减少食物浪费   │
└────────────────────────────────────┘

图 5-6　绿色科普广告位示例及跳转图

在排除用户的人口统计学基本特征、银行资产等级、用户对手机银行客户端各项基础功能的点击量等用户基本信息的影响后，我们比较了控制组和实验组兑换树苗的数量。结果表明，展示绿色科普广告的实验组用户的广告标语点击量、绿色能量收取量、碳减排量，以及兑换树苗数量都显著高于控制组。这说明，提供符合碳账户语境的绿色科普信息，更能吸引用户点击广告标语获取信息详情，并增加兑换树苗的数量，即绿色科普信息的展示对于用户现实中的低碳环保行为具有促进作用。

在验证了绿色科普广告展示对用户兑换树苗行为的促进作用后，我们进一步分析广告点击量与兑换树苗数量之间的关系，结果发现，相较于未进入广告页面，用户点击广告后的树苗兑换数量增加了。这进一步证实,对绿色科普广告的点击会带领用户进入科普知识详情页,激活慢思维模式,从而使用户对绿色信息的阅读和理解更加充分,并且更积极地参与到线上平台的绿色活动中。

在实验的第二阶段,我们上线了碳减排量的排名系统(见表5-2),用户点击进入自己的碳减排量明细后,可以看到自己在平台的碳减量排名、所处区间以及获得的减排荣誉称号(专家、小能手等)(见图5-7)。我们将碳减排量竞赛作为外生政策干预,以此影响用户绿色行为的内在动机。

表5-2 碳减排量的排名系统

范围区间	文案
前95%	全国第×××名,超过××%的用户!属实地球守护神!
85%~95%	全国第×××名,超过××%的用户!您是减碳专家!
75%~85%	全国第×××名,超过××%的用户!您是低碳达人!
55%~75%	全国第×××名,超过××%的用户!您是低碳小能手!
25%~55%	全国第×××名,超过××%的用户!践行低碳我是认真的!
1.5%~25%	全国第×××名,超过××%的用户!随手减碳,大有可为!
后1.5%	全国第×××名,仅超过1%的用户!节能减排,聚沙成塔!

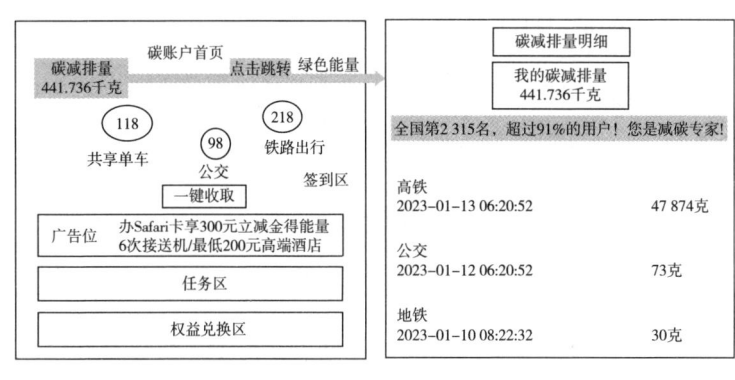

图 5-7　碳账户碳减排量排名点击跳转图

我们从回归结果发现，竞赛的开展对用户兑换树苗产生了促进作用，但是对用户的绿色能量积累并未产生明显的影响。我们认为，这是由于兑换树苗是线上活动，较为轻松，而获取绿色能量则需要线下采取绿色行为，即付出更多的努力，仅提供竞赛排名所激发的内在动机，可能还不足以推动用户发生行为层面的真实改变。对此，我们对碳减排量竞赛排名前 10% 的用户进行了单独的回归分析。结果发现，这些用户在竞赛上线后的绿色能量具有非常明显的提升，这意味着，低碳竞赛确实激发了一些人的内在动机，并对绿色行为产生了较强的助推作用，但想要激发人们产生绿色行为的内在动机，对于不同的人所需要的刺激方式和程度是有区别的。

总体而言，本次实验验证了认知与内在动机在推动绿色行为方面的重要性，并产生了两项额外贡献。

一是为认知助推的作用机制提供了新的理论视角。以往的研究只验证了展示环保信息可以达到助推效果，但未对个人在复杂信息中的学习利用程度对助推机制的作用进行深入讨论。本次实验通过广告标语的交互设计，将展示简单信息和用户点击阅读复杂信息的过程分离，揭示了快思维和慢思维在绿色助推中的复合作用机制，并且发现在助推中提供简单信息即可起到促进用户参与绿色行为的作用，而当用户浏览复杂绿色信息后，绿色助推的作用将得到进一步增强。

二是探索了内在动机与认知助推之间的交互作用，拓展了认知助推理论的相关研究。过去的研究大多仅关注单一助推工具对于个人行为的影响，很少讨论助推工具和其他因素的叠加作用。本次实验通过引入绿色竞赛功能，填补了这一空白，同时发现，当竞赛激励增强个人绿色行为的内在动机时，认知助推对个人绿色行为的促进效果也将得到增强，且这一调节效应对于竞赛成绩较好的人群更加有效。

四、研究三：经济激励与情感助推

(一)探究激励对绿色行为的影响

经济学家经常强调激励在行为中的重要性，他们中大多数人认为高激励能带来高绩效。[1] 近年来，在行为干预中使用激励也越来越常见，例如，雇主使用经济手段激励员工创造更好的业绩，提高生产力，[2] 激发员工的工作意愿。[3] 但在一些场景下，对于激励的应用却存在争议。例如，在鼓励孩子多读书方面，经济手段虽然在短期内可以达成促进孩子阅读的目的，但从长期来看，却会对学生形成终身阅读的习惯产生反作用。[4]

过去的研究广泛探讨了经济激励对绿色消费行为的推动作用。一些研究者认为，经济激励对价格敏感的消费者更加有效，绿色助推则对价格不敏感的消费者更加有效，这两种

---

[1] Baker G P, Jensen M C, Murphy K J. Compensation and incentives: Practice vs. Theory [J]. The Journal of Finance, 1988, 43 (3): 593–616.
[2] Daniel C O. Effects of incentives on employee's productivity [J]. International Journal of Business Marketing and Management, 2019, 4 (1): 41–48.
[3] Lai C. Motivating employees through incentive programs [D]. Jyväskylä: Jyväskylä University of Applied Sciences, 2009.
[4] Gneezy U, Meier S, Rey-Biel P. When and why incentives (don't) work to modify behavior [J]. Journal of Economic Perspectives, 2011, 25 (4): 191–210.

方式在受众群体上形成了互补。① 但也有研究者认为，在认知型绿色助推工具与经济激励的叠加效应方面，经济激励并不能对用户行为起到正向作用，② 同时使用经济激励和认知型绿色助推工具甚至可能造成挤出效应，③ 这可能是因为认知型绿色助推工具是从增强个人的内在环保意识角度出发，而经济激励是从行为的成本和效益等外部因素角度出发，两种干预方式的出发点不一致，使用户对环保产生了负面感受。例如，在苏达山（2017）的家庭电费助推实验中，同时获得认知助推信息和经济激励家庭的用电量反而增加了，这些家庭质疑公用电力事业公司给它们钱的目的，经济激励使人们产生了"不信任感"。④ 弗雷和杰根（2000）的研究进一步指出，

---

① Ferraro P J, Price M K. Using nonpecuniary strategies to influence behavior: Evidence from a large-scale field experiment [J]. Review of Economics and Statistics, 2013, 95 (1): 64–73.

② Gneezy U, Rustichini A. Pay enough or don't pay at al [J]. The Quarterly Journal of Economics, 2000, 115 (3): 791–810.

③ Gowdy J M. Behavioral economics and climate change policy [J]. Journal of Economic Behavior & Organization, 2008, 68 (3-4): 632–644; Gneezy U, Meier S, Rey-Biel P. When and why incentives (don't) work to modify behavior [J]. Journal of Economic Perspectives, 2011, 25 (4): 191–210.

④ Sudarshan A. Nudges in the marketplace: The response of household electricity consumption to information and monetary incentives [J]. Journal of Economic Behavior & Organization, 2017 (134): 320–335.

挤出效应的产生是由于经济激励可能会削弱人们内在的环保动机。[1]

与经济激励手段不同，情感助推方式仅通过给人们带来内在的幸福感，就可以对人们的行为产生正向影响。[2] 例如，在餐饮的场景下，展示富有情绪的图片，会给人们的主观感受带来影响，从而改变他们的饮食习惯。[3] 在市场营销领域，柯蒂斯等（2007）认为情感助推在市场营销和公共卫生活动中很有影响力。[4] 在意外保险方面，布拉特（2022）建议在产品框架中增加沿海洪灾的信息，将其作为对于高危人群及资产存在潜在风险人群的情感助推方式。[5] 在绿色环保场景下，

---

[1] Frey B S, Jegen R. Motivation Crowding Theory：A Survey of Empirical Evidence［D］. Zurich：Institute for Empirical Research in Economics，2000.

[2] Deci E L. The effects of contingent and noncontingent rewards and controls on intrinsic motivation［J］. Organizational Behavior and Human Performance，1972，8（2）：217-229.

[3] Kanchanachitra M, Chamchan C, Kanchanachitra C, et al.. Nudge interventions to reduce fish sauce consumption in Thailand［J］. PLoS One，2020，15（9）.

[4] Curtis V A, Garbrah-Aidoo N, Scott B. Ethics in public health research：masters of marketing：Bringing private sector skills to public health partnerships［J］. American Journal of Public Health，2007，97（4）：634-641.

[5] Bradt J. Comparing the effects of behaviorally informed interventions on flood insurance demand：An experimental analysis of "boosts" and "nudges"［J］. Behavioural Public Policy，2022，6（3）：485-515.

情感助推也可以通过影响人们的感知，使他们更愿意进行绿色行为。[①]桑和金（2019）的研究进一步解释了情感助推背后的有效逻辑，即通过影响人们的利他主义和利己主义感知，影响人们对于绿色产品的购买选择。[②]

基于过往的研究成果，我们将进一步验证，在绿色金融场景下的碳账户平台上，经济激励是否会对绿色行为造成挤出效应、情感助推方式是否有效，以及经济激励与情感助推的叠加效应如何等。

（二）碳账户实证研究

在碳账户平台上，用户可以将积攒的绿色能量兑换为公益项目，如参与种树、红树林保护等，这既成为一种公益激励的方式，其行为本身也具有绿色环保的特质。除此之外，用户还可以将绿色能量兑换为经济权益，如兑换为影音卡、餐饮代金券等（见图5-8）。

---

① Song S Y, Kim Y K. Doing good better: Impure altruism in green apparel advertising [J]. Sustainability, 2019, 11（20）: 5762.
② Song S Y, Kim Y K. Doing good better: Impure altruism in green apparel advertising [J]. Sustainability, 2019, 11（20）: 5762.

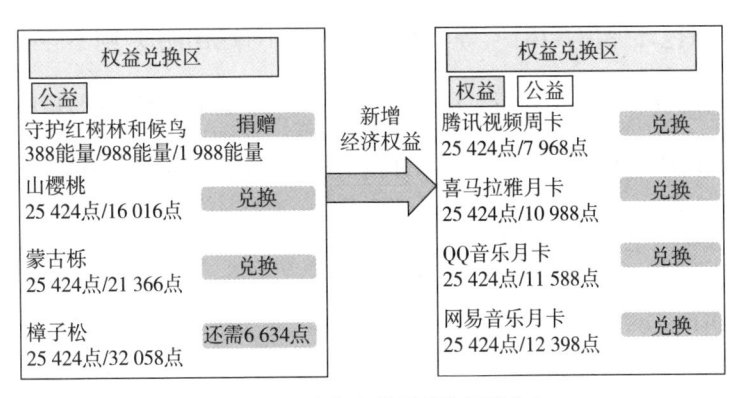

```
权益兑换区                    权益兑换区
公益                         权益  公益
守护红树林和候鸟    捐赠      腾讯视频周卡       兑换
388能量/988能量/1 988能量    25 424点/7 968点
山樱桃           兑换        喜马拉雅月卡      兑换
25 424点/16 016点           25 424点/10 988点
蒙古栎           兑换        QQ音乐月卡       兑换
25 424点/21 366点           25 424点/11 588点
樟子松         还需6 634点    网易音乐月卡      兑换
25 424点/32 058点           25 424点/12 398点
```
新增
经济权益

图5-8 用户绿色能量兑换权益中心

在我们的实验中，碳账户平台首先向用户提供公益项目兑换，平台运营数月后再上线经济权益。我们以经济权益上线前后15天的用户行为为研究对象。在调查对象方面，我们选取在实验期间至少1次进入过个人碳账户主页的人群，针对各用户绿色能量、公益项目兑换及经济权益兑换的行为数据，展开研究分析。

在实验设计中，为了反映不同人群在不同激励下的反应，我们将样本用户按两种方式进行分类。一是按照经济权益上线前，用户是否参与过公益项目兑换这一原则，将用户分为公益组和非公益组。二是按照一致性原则，随机将两组用户分为弹窗组和不弹窗组。其中，弹窗组将收到一种情感助推弹窗，弹窗内容主要为倡导用户进行绿色行为的鼓励性语句，如

第五章　大数据下的助推实验　　253

"绿色环保你真棒！"等（见图5-9），不弹窗组用户则不会收到这种情感助推弹窗。这就意味着，弹窗组用户可以同时接收经济激励和情感助推，而不弹窗组用户只能收到经济激励。

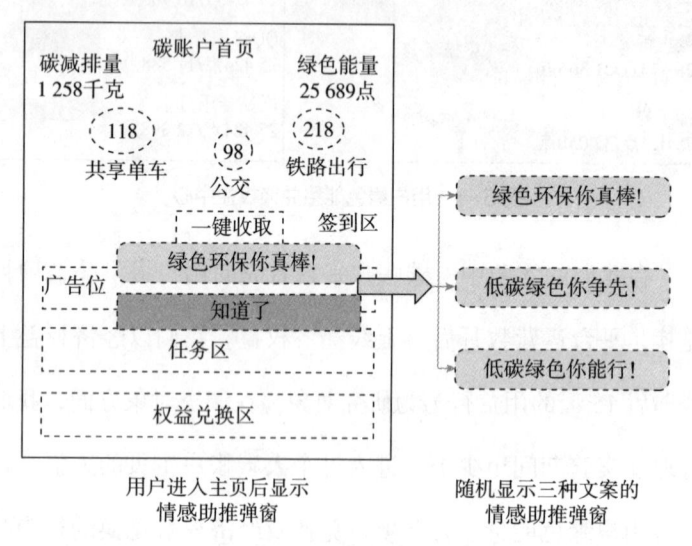

图 5-9　碳账户情感助推弹窗

随后，我们统计了不同组用户在情感助推弹窗上线前后收取绿色能量，以及进行公益项目和经济权益兑换的情况，并将它们作为因变量，同时以情感助推实验的分组类型作为自变量，进行了回归分析。在排除用户注册时长、用户在App内点击的活跃度等基本信息的影响后，我们比较了控制组和实验组、公益组和非公益组用户收取绿色能量、进行权益兑换情况的差异。

我们对全量用户数据进行了分析，结果如下。首先，在绿色能量的收取方面，在展示情感助推弹窗后，用户的绿色能量收取行为并没有发生明显的变化，这意味着情感助推弹窗对于绿色能量的获得并没有产生太大的影响，即用户没有真正增加他们生活中的绿色行为。

其次，在公益项目兑换方面，在向实验组用户展示情感助推弹窗后，平均每位用户的公益项目兑换次数较没有提供弹窗的用户增加，也就是说情感助推弹窗有效地促进了用户参与公益项目兑换的行为。

最后，在经济权益兑换方面，我们发现全量用户关于经济权益兑换次数的回归系数显著为负，但在展示情感助推弹窗后，实验组平均每位用户进行经济兑换的次数相较于对照组减少。这意味着，经济激励确实会在一定程度上对用户的绿色行为产生挤出效应，但情感助推弹窗有助于将用户被经济权益吸引走的注意力拉回绿色环保活动，从而促进用户更多地参与公益项目。

在此基础上，我们将公益组和非公益组用户进行区分，进一步探究情感助推弹窗对此前参与过或没有参与过公益项目兑换人群是否存在不同的影响。结果发现，情感助推弹窗使非公益组用户平均每人参与经济权益兑换的次数减少，参与公益项目兑换的次数增加，这表明情感助推弹窗确实有效地推动了非公益组用户的绿色行为。但对于公益组用户而言，弹窗的助推效果似乎并不那么明显。我们由此得出结论，情感助推弹窗主要对那些过去较少参与绿色行为的人群发挥作用，同时考虑到经济激励也能使这些用户进一步参与到碳账户平台的各类活动当中，因此情感助推和经济激励可以相互叠加，从而呈现更好的效果。

至此，我们已通过实验检验了在个人碳账户场景下，经济激励对绿色公益行为的挤出效应，并将情感助推纳入绿色助推的研究框架当中，探究了情感助推对不同人群参与公益行为的影响，以及在金融场景下与经济激励的叠加效应等，为情感助推在个人碳账户平台的作用提供了实证支持，拓展了情感助推工具的应用场景。

在理论研究层面，我们已经了解到情感助推可以通过满足人们的利他主义或利己主义动机，为人们带来良好的内在感受，从而起到推动绿色行为的作用。在实践层面，我们也意识到，经济激励作为碳账户平台普遍采取的运营策略，实际上是存在伤害用户内在环保动机的风险的。采取包含情感助推与经济激励的整合策略，则更有可能吸引用户在参与平台活动的同时，更多地参与到绿色公益项目中，为碳账户平台未来的发展及产品设计完善提供一些借鉴。

五、研究四：探索更有效的情感助推方式

（一）情感助推的内容与时机

在前文，我们发现情感助推能够在个人碳账户场景下正向促进人们的绿色行为，如接受情感助推弹窗的用户会更积极地参与公益种树活动。在本部分中，我们希望进一步探究提高情感助推有效性的方法，包括如何恰当地展示弹窗内容，如何选择弹窗跳出的时机，以及选择弹窗面向的目标群体等。

在情感助推的呈现内容方面，研究发现，情感助推主要通过满足人们的心理需求来影响他们的行为，[1] 对用户的绿

---

[1] Cadario R，Chandon P. Which healthy eating nudges work best? A meta-analysis of field experiments [J]. Marketing Science，2020，39（3）：465–486.

色行为表示赞赏能够提高个人内在的幸福感和满足感。[1]相较于笼统的、整体性的表扬，与个人行为有具体关联的表扬效果更好。[2]这背后的深层逻辑可以用形成性反馈的研究结论加以阐释。形成性反馈是指个体在学习、工作或执行其他任务时，会通过获得反馈信息及时调整和改进自己的表现。舒特（2008）指出，形成性反馈通常是具体的、详细的，旨在帮助个体更好地理解自己的表现和改进机会。[3]乔克和比佐（2004）评估了使用行为特定表扬（BSP）和一般表扬语句来增加积极课堂行为的情况。其中，行为特定表扬将表示赞许的语句对应到具体行为上，一般表扬则仅有表示赞扬的语句，而没有具体指向，结果发现接受行为特定表扬的学生比接受一般表扬的学生，在课堂上表现出更高的

---

[1] Deci E L. The effects of contingent and noncontingent rewards and controls on intrinsic motivation [J]. Organizational Behavior and Human Performance, 1972, 8（2）: 217-229; Danylchenko T. Correlation between the individual's experience of well-being and social evaluation [J]. The Journal of Education, Culture, and Society, 2021, 12（2）: 179-189.

[2] Shute V J. Focus on formative feedback [J]. Review of Educational Research, 2008, 78（1）: 153-189.

[3] Shute V J. Focus on formative feedback [J]. Review of Educational Research, 2008, 78（1）: 153-189.

任务行为水平。[①]理查德（2012）和施奈德等（2021）在教学环境中也进行过类似的实验并得到了相同的结果。[②]帕克等（2019）及拉姆登克等（2013）则各自通过实验证明，在提高员工绩效质量方面，表达信息更充分的具体反馈比笼统反馈更有效。[③]由此可见，反馈信息越具体，反馈结果越有效。

在提供情感助推的时机方面，我们可以参考双任务理论的观点。[④]双任务理论认为，人们获取并利用信息的过程主要包括两个阶段：一是处理阶段，即接收和处理感官信息的初

[①] Chalk K, Bizo L A. Specific praise improves on-task behaviour and numeracy enjoyment: A study of year four pupils engaged in the numeracy hour [J]. Educational Psychology in Practice, 2004, 20 (4): 335–351.

[②] Richard B J. The effects of teacher praise on engagement and work completion of students of typical development [D]. Hattiesburg: The University of Southern Mississippi, 2012; Schneider M M, Hulac D M, Mickelson L R, et al.. Middle school students' preferences for praise [J]. Psychology in the Schools, 2021, 58 (2): 221–234.

[③] Park J A, Johnson D A, Moon K, et al.. The interaction effects of frequency and specificity of feedback on work performance [J]. Journal of Organizational Behavior Management, 2019, 39 (3–4): 164–178; Raemdonck I, Strijbos J W. Feedback perceptions and attribution by secretarial employees: Effects of feedback-content and sender characteristics [J]. European Journal of Training and Development, 2013, 37 (1): 24–48.

[④] Hommel B. Automatic stimulus-response translation in dual-task performance [J]. Journal of Experimental Psychology: Human Perception and Performance, 1998, 24: 1368–1384.

始阶段，此时人们通过大脑解码来分析不同感官传入的信息；二是反馈阶段，此时人们选择和执行他们的行为任务。双任务理论提出，如果两个任务涉及不同的认知阶段（处理或反馈），则任务之间的干扰是最小的，但如果两个任务需要相同的认知阶段，则会发生干扰，导致一个或两个任务的执行效率降低，这种现象被称为"双任务干扰"。[1] 在个人碳账户的场景下，用户在打开界面浏览信息时，处于处理阶段；在点击收取绿色能量时，处于反馈阶段。从双任务理论的结论出发，如果在处理阶段提供弹窗信息，有可能对用户造成双任务干扰，使弹窗的作用大打折扣。如果将弹窗的展示时点移动到用户收取绿色能量的反馈阶段，则或许可以避免双任务干扰，从而达到更好的助推效果。

在情感助推的对象选择方面，我们认为沉默用户的激活是个人碳账户平台建设所面临的重要现实问题。以本次实验合作的商业银行碳账户平台为例，该平台对超过1亿的全量银行用户开放，但其中仅有少部分会进入碳账户平台，并收

---

[1] Pashler H. Dual-task interference in simple tasks : Data and theory [J]. Psychological Bulletin, 1994, 116（2）: 220; Jenkins J L, Anderson B B, Vance A, et al.. More harm than good? How messages that interrupt can make us vulnerable [J]. Information Systems Research, 2016, 27（4）: 880–896.

集兑换绿色能量。我们分析沉默用户产生的原因,一方面是用户本身对碳账户平台的了解不足,在初次进入碳账户首页后,缺乏探索平台活动的动机,匆匆浏览后便退出了;另一方面用户可能对碳账户略有了解,但缺乏足够的环保意愿使他们更多地参与积攒绿色能量、进行公益项目兑换的活动。同时,由于我们在研究三中已经发现,情感助推弹窗对原本较少参与绿色行为的人群可以起到更好的助推作用,因此我们将进一步探索情感助推在激活沉默用户方面所发挥的作用,争取提升用户的参与度与活跃度,增强对平台的黏性,从而更好地实现碳账户的商业目标与环保意义。

(二)碳账户实证研究

基于前述研究基础,我们设计了两种弹窗,并分别在不同的时机进行展示。两种弹窗分别为仅提供情感鼓励信息,以及同时提供行为反馈信息与情感鼓励信息。其中,情感鼓励信息是对用户的夸奖,以激发其正面情绪;行为反馈信息展示用户自开户以来积累的绿色能量总量,以增强其参与绿色行为的成就感,强化正面情绪与绿色行为之间的联系。两种弹窗推送时机分别为在用户进入碳账户平台时,以及在用户进入碳账户平台并点击收取绿色能量时。随后，我们将不同的弹窗内容与弹窗时机进行组合，由此形成4个实验分组（见图5-10）。

		弹窗时机	
		时机1：在用户进入碳账户平台时即推送弹窗	时机2：在用户进入碳账户平台并点击收取绿色能量时才推送弹窗
弹窗内容	行为反馈信息+情感鼓励信息	实验组2	实验组1
	情感鼓励信息	实验组4	实验组3

图5-10 根据弹窗时机与弹窗内容不同进行实验分组

实验组1用户在登录碳账户首页并点击收取绿色能量后，会收到包含行为反馈信息与情感鼓励信息的弹窗，内容为"您过去30天累计获得×××点绿色能量，低碳环保你真行，继续加油哦~"（见图5-11）。

实验组2用户在登录碳账户首页后，立即收到包含行为反馈信息与情感鼓励信息的弹窗，内容同样为"您过去30天累计获得×××点绿色能量，低碳环保你真行，继续加油哦~"（见图5-12）。

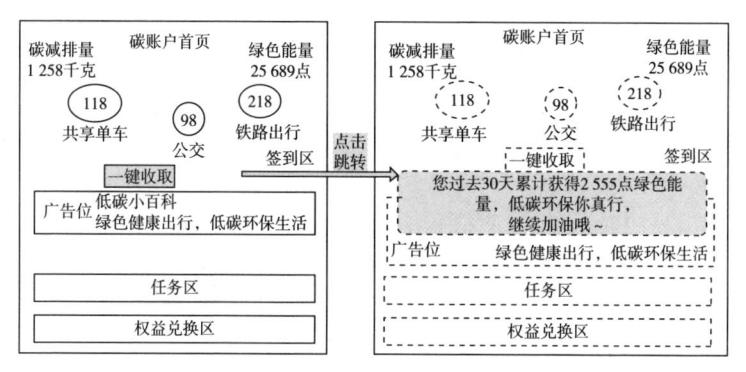

图 5-11　实验组 1：进入低碳家园并点击收取绿色能量后
生成弹窗（含绿色能量）

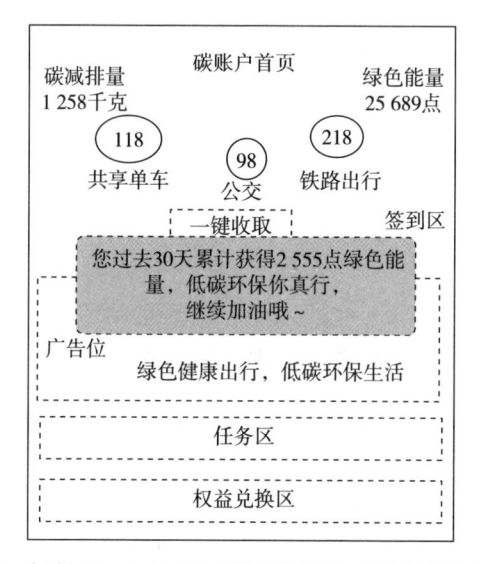

图 5-12　实验组 2：进入低碳家园首页后生成弹窗（含绿色能量）

在实验组 3，用户登录碳账户首页并点击收取绿色能量后，会收到仅含有情感鼓励信息的弹窗，内容为"低碳环保你真棒！继续加油哦~"（见图 5-13）。

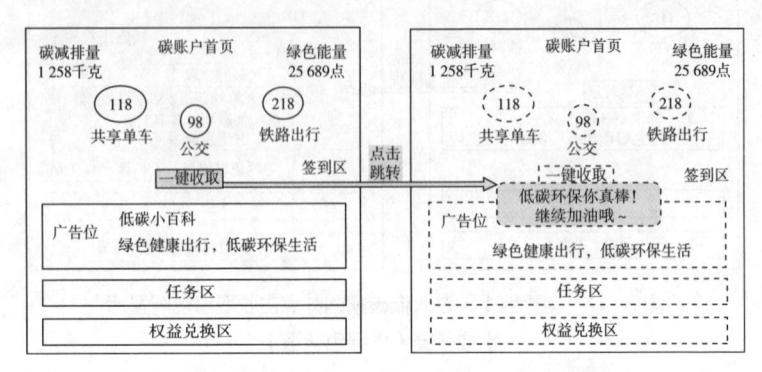

碳减排量 1 258千克	碳账户首页	绿色能量 25 689点
⑪⑱ 共享单车	⑨⑧ 公交	㉒⑱ 铁路出行
一键收取		签到区
广告位	低碳小百科 绿色健康出行，低碳环保生活	
任务区		
权益兑换区		

点击
跳转

碳减排量 1 258千克	碳账户首页	绿色能量 25 689点
⑪⑱ 共享单车	⑨⑧ 公交	㉒⑱ 铁路出行
一键收取	低碳环保你真棒！ 继续加油哦	签到区
广告位	绿色健康出行，低碳环保生活	
任务区		
权益兑换区		

图 5-13　实验组 3：进入低碳家园并点击收绿色能量后
生成弹窗（不含绿色能量）

在实验组 4，用户登录碳账户首页后，会收到仅含有情感鼓励信息"低碳环保你真棒！继续加油哦~"的弹窗（见图 5-14）。

由于碳账户平台的沉默用户和低活用户为主要关注对象，因此我们选择至少 1 次进入过碳账户主页，但总活跃天数少于 5 天的用户作为分析样本。我们将这些用户随机分成 5 组，其中 4 组按照前述分组设计提供不同的弹窗，第 5 组作为对照组，不提供弹窗。我们收集了弹窗上线前后两周用户收集绿色能量和碳减排量数据，采用双重差分模型，分析不同弹窗机制对用户绿色行为的影响。

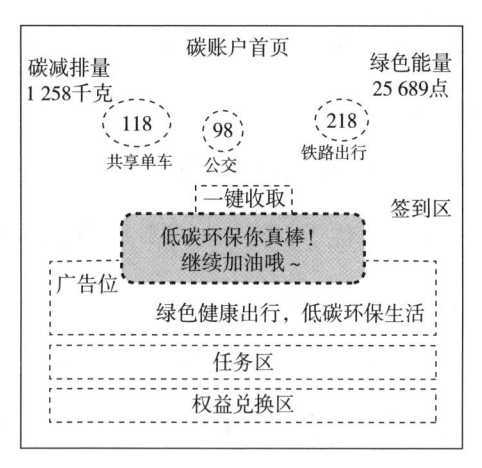

图 5-14　实验组 4：进入低碳家园首页后生成弹窗（不含绿色能量）

我们首先比较实验组与对照组的情况，结果发现，实验组 1 在绿色能量收取值方面得到了正向显著的回归结果，实验组 2 在碳减排量方面得到了正向显著的回归结果，实验组 3 和实验组 4 的回归结果在统计上不显著。这表明，相较于仅提供包含情感鼓励信息的弹窗，同时提供行为反馈信息和情感鼓励信息的助推方式可以起到更好地促进绿色行为的作用。而与在处理阶段就提供情感助推相比，在反馈阶段再提供情感助推的效果更好。

随后，我们进一步在实验组之间进行比较，结果发现，实验组 1 的助推效果优于实验组 2 和实验组 3。其中，实验组 1 与实验组 2 的差别在于弹窗时机，从而证明了在反馈阶段提供助推的效果优于处理阶段，实验组 1 与实验组 3 的差别在于弹窗内容，从而证明了同时提供行为反馈信息和情感鼓励信息的助推效果优于仅提供情感鼓励信息。我们用更加细致的对比方式夯实了结论。

总结而言，此次实验在商业银行个人碳账户场景下论证了影响情感助推效果的因素，发现具体的情感助推弹窗对于绿色行为的促进效果优于笼统的情感助推弹窗，反馈阶段情感助推弹窗的助推效果优于处理阶段的情感助推弹窗。尽管此前已有研究关注到情感助推的具体性对人类行为的影响，但研究领域大多局限于教育和员工绩效等，[1]尚未涉及绿色行为。因此，本实验填补了这一研究领域的空白，为情感助推策略的精细化设计提供了依据。

过去有关情感助推的研究大多聚焦于助推的内容和类型，缺少对助推时机的讨论。在本次实验中，我们验证了情感助

---

[1] Chalk K, Bizo L A. Specific praise improves on-task behaviour and numeracy enjoyment: A study of year four pupils engaged in the numeracy hour [J]. Educational Psychology in Practice, 2004, 20 (4): 335–351; Raemdonck I, Strijbos J W. Feedback perceptions and attribution by secretarial employees: Effects of feedback-content and sender characteristics [J]. European Journal of Training and Development, 2013, 37 (1): 24–48.

推弹窗的展示时机对用户行为决策的影响，丰富了绿色行为领域有关情感助推时机的实证研究。在研究过程中，我们将认知理论与情感助推机制相结合，以双任务理论[1]为依据理解大脑处理信息的过程，以及大脑在多个认知任务之间进行资源分配的原理，从而找到认知过程中干扰最小的助推时机。[2]这种研究方式为探索情感和认知之间的复杂关系提供了新的视角，有助于更深入地揭示大脑的信息加工机制，也为认知和情感研究的交叉领域开辟了新的研究路径。

最后，在实践层面，本次研究可以为优化碳账户的产品设计提供情感助推方式的策略建议，即在设计情感助推方案时，不仅要关注助推信息的具体性，还要考虑呈现内容的时机，以保障最大限度地减少认知干扰，使情感助推的效用得到充分发挥。

---

[1] Hommel B. Automatic stimulus-response translation in dual-task performance [J]. Journal of Experimental Psychology: Human Perception and Performance, 1998 (24): 1368–1384.
[2] Pashler H. Dual-task interference in simple tasks: Data and theory [J]. Psychological Bulletin, 1994, 116 (2): 220; Jenkins J L, Anderson B B, Vance A, et al.. More harm than good? How messages that interrupt can make us vulnerable [J]. Information Systems Research, 2016, 27 (4): 880–896.

六、研究小结

行为经济学的研究从个人行为中非理性及情感性的因素入手，开启了一种更贴合大众行为习惯的经济学分析方法。在绿色消费的场景下，由于碳减排所带来的技术与产品变化多样，同时在环保决策中包含了很多有关寻求社会认同、表达善意与责任感的情感诉求，这使行为经济学的研究方法显得格外有价值。

目前，个人碳账户已经成为地方政府、金融机构、互联网企业等在居民端发展绿色经济的重要手段。在碳账户平台通过绿色行为采集与激励引导绿色消费的模式之上，如果能够利用行为经济学的助推方式，使碳账户平台的信息呈现更具引导性，或将成为优化碳账户产品设计的重要方向。此次我们围绕绿色助推理论中的生态反馈、认知助推及情感助推三大类工具，基于真实的碳账户场景与用户，总共开展了四项基于实验的研究。

在有关生态反馈的实验中，我们探究了反馈内容的呈现形式如何影响用户的绿色行为。考虑到银行 App 场景下的碳账户兼有环保与商业属性，我们认为，以经济效益或环境效益方式呈现生态反馈的信息，或许会产生不同的效果。结果发现，以环境效益方式呈现的生态反馈更能推动用户参与绿色行为，这一结论也从侧面证明，即使碳账户内嵌于商业场景中，人们更关注的依旧是碳账户所代表的环保意义。若同时提供包含经济效益和环境效益两种内容的生态反馈，反而会造成信息冗余，降低内容的传递效率，无法直击用户心灵。

在有关认知助推的实验中，我们探究了绿色科普信息及竞赛排名对绿色行为的推动作用。我们借鉴了丹尼尔·卡尼曼提出的双重加工理论，[①] 首先以绿色科普广告标语触发人们的快思维，引导用户点开广告标语背后的科普信息链接，随后在人们的慢思维过程中，这些信息得到更加充分的阅读和理解。结果发现，绿色科普信息确实能够推动人们的绿色消费行为。这一实验的启发是，在提供认知助推时，考虑人们所处的思维模式阶段，提供不同的认知信息是很重要的。在处理阶段可以仅提供简单的广告标语吸引用户的注意，当用户产生进一步了解的动机并真正进入反馈阶段时，再提供复杂信息，或许更有助于这些信息被用户吸收并发挥作用。与

---

① Kahneman D. Thinking, fast and slow [M]. New York: Penguin Books, 2012.

此同时，我们也根据社会比较理论，验证了竞赛排名对助推效果的影响。结果发现，低碳竞赛虽然可以在一定程度上推动人们的绿色捐赠行为，但在推动日常生活中的绿色行为方面收效甚微。在对不同人群进行区分后，我们进一步发现，低碳竞赛对绿色行为的推动作用是因人而异的。那些竞赛成绩原本就较好的人，可能会因为成绩排名靠前而获得较大的激励；而对那些竞赛成绩排名靠后的用户而言，这种激励的效果就略显薄弱了。

在情感助推的实验中，我们首先发现，情感助推能够激发公益项目兑换，但这对绿色行为的发生没有较大改善。与此同时，为了活跃客户，大多数的碳账户平台都会设置经济权益兑换与公益项目兑换并行。这种经济权益兑换功能的增加，自然对公益项目兑换产生了挤出效应，而情感助推能够在一定程度上缓解这种挤出效应。换言之，考虑到经济激励作为碳账户平台所普遍采取的运营策略，实际上存在伤害用户内在环保动机的风险，因此将情感助推与经济激励相互整合，或许能够成为一种更好的策略选择。同时我们发现，对于那些原本较少参与公益项目兑换的人群而言，情感助推会发挥更强的作用。

基于前述结论,在有关情感助推的第二项实验中,我们针对在碳账户平台上活跃度低的人,着重探讨影响情感助推效果的因素,包括如何恰当地展示能够提供情感助推的弹窗内容,以及如何选择弹窗时机,等等。我们根据助推信息笼统或具体、弹窗时机早晚,组合搭配了四种弹窗助推方式。结果发现,在情感助推的时机方面,由于双任务干扰的存在,在反馈阶段提供的助推优于在处理阶段提供的助推;在呈现内容方面,为用户阐明表扬的具体内容,效果优于笼统的夸奖。这一实验结论不仅能够指导碳账户产品中有关情感助推弹窗的具体设计,还为进一步探索认知与情感研究的交叉领域提供了新的角度。

当下,行为经济学中的绿色助推理论以及个人碳账户产品开发,都处于蓬勃发展的阶段。从绿色助推的视角来看,碳账户为验证助推理论提供了天然的场域;而从碳账户的视角来看,助推工具的发展也为碳账户的产品设计提供了更多洞察人心的思路。目前,我们仅围绕生态反馈、情感、认知、社会比较、助推工具等进行了个别、细分领域问题的讨论,未来还可以在横向与纵向维度上进行延伸。例如,探讨碳账户中哪些场景可以进行默认选项设计,以及这些设计能否在不影响广大用户利益的前提下产生效果；目前我们已经讨论了绿色科普信息呈现这一种认知助推，未来还可以进一步讨论其他认知方式，包括如何提高绿色产品信息的显著性，哪些是可以简化的非重要信息，哪些信息需要加强，以及碳账户信息在呈现顺序、信息属性与度量尺度等方面是否还有优化的空间等。

在碳账户平台的主办主体上，目前我们的实验场景仅基于银行系统的碳账户展开，这在一定程度上验证了金融环境与公益环境嵌套的碳账户平台的用户行为规律。未来相关领域的研究，还可以进一步拓展到地方政府及互联网平台的碳账户中。这些由不同主体开发的碳账户，在开发目的、延伸应用等方面都存在差异性，但用户量均很庞大且在日益增长。而正是因为碳账户领域的迅速发展，基于不同碳账户类型而寻找与之相应的、规律的、科学的助推方法，就显得尤为重要。在具体的绿色行为方面，目前我们侧重于讨论绿色行为发生与公益项目兑换，即碳账户的"兑分端"与"换分端"。未来还有更多的机会针对这两端的行为进行更具体的研究，比如在绿色出行、绿色办公、绿色餐饮等不同场景方面，针对具备不同标签特征的人群开展异质性研究。在将场景与人群的行为进行立体分析与刻画后，大数据技术背景下的精准营销功能将很容易实现"精准助推"。在此阶段，数字基础设施为我们提供的不仅是个人碳足迹的记录，还可以通过智能、科学的方式运用助推手段引导公众的绿色行为。那么我们所做的类似于本章的研究，也将非常现实地推动真实社会中的全民碳减排。希望我们的研究能带动更广泛的学术界人士及碳领域专家，共同开辟出在消费端碳减排领域的绿色助推新路径。